E-COMMERCE
LAWS AND REGULATIONS

白话电商
法律法规

垦丁·网络法·学院◎主编

人民邮电出版社

北京

图书在版编目（CIP）数据

白话电商法律法规 / 垦丁·网络法·学院主编. --
北京：人民邮电出版社，2020.10
ISBN 978-7-115-54839-9

Ⅰ. ①白… Ⅱ. ①垦… Ⅲ. ①电子商务—法规—基本
知识—中国 Ⅳ. ①D923.990.4

中国版本图书馆CIP数据核字(2020)第169906号

内 容 提 要

《中华人民共和国电子商务法》是我国第一部专门针对电子商务行业颁布的法规，用来规范卖家与买家的电子商务行为。本书对该法规和电子商务行为过程中涉及的其他相关法规进行全面解读，全书共六篇，包括工商注册篇、电商税务篇、知识产权篇、网络消费者权益篇、广告促销篇、电子商务合同与物流篇。

本书内容通俗易懂，解读专业，案例丰富，适合高等院校、高等职业院校电子商务相关专业教学使用，也可作为电子商务法律培训班的教材和读者自学用书。

◆ 主　　编　垦丁·网络法·学院
　　责任编辑　刘　尉
　　责任印制　王　郁　焦志炜

◆ 人民邮电出版社出版发行　　北京市丰台区成寿寺路 11 号
　　邮编　100164　　电子邮件　315@ptpress.com.cn
　　网址　https://www.ptpress.com.cn
　　固安县铭成印刷有限公司印刷

◆ 开本：700×1000　1/16
　　印张：12.75　　　　　　　　　2020 年 10 月第 1 版
　　字数：189 千字　　　　　　　2025 年 1 月河北第 5 次印刷

定价：49.80 元

读者服务热线：(010)81055256　印装质量热线：(010)81055316
反盗版热线：(010)81055315
广告经营许可证：京东市监广登字 20170147 号

推 荐 语

垦丁·网络法·学院主编的《白话电商法律法规》一书内容很全面，各位作者都是一线法律实务工作者，有着对法律的精准理解和解决问题的丰富经验，他们的经验之谈值得一读。

——阿拉木斯

中国电子商务法律网CEO

网规研究中心主任

国家电子商务示范城市创建工作专家组成员

商务部电子商务专家咨询委员会成员

参与《中华人民共和国电子商务法》立法

本书提炼出了电子商务的核心法律问题，以案说法，深入浅出，值得人手拥有一本,是这个行业从业者的福音。

——朱玲凤

小米法务部数据合规法务总监

小米安全与隐私委员会副主席

2018年8月31日，第十三届全国人民代表大会常务委员会第五次会议表决通过了《中华人民共和国电子商务法》，该法是规范中国电子商务秩序的基本法，那么普法工作尤为重要。本书深入浅出，对于广大电商从业者了解、掌握该法，规范电子商务经营具有很强的指导意义。

——姚志伟

广东财经大学智慧法治研究中心执行主任 教授

中国法学会网络与信息法学研究会理事

参与《中华人民共和国电子商务法》立法

本书从电子商务各个环节着手，梳理汇总涉及的各项法律问题，并结合案例根据《中华人民共和国电子商务法》相关规定给出具有实操性的方案建议，对于电商从业人员来说是不可多得的工具手册。

——丁清青

网易高级法务经理

这不仅是一本开启《中华人民共和国电子商务法》领域大门的书，更是一本讲述如何更合规地经营好电子商务企业的书。

——仲伟昆

汇业律师事务所顾问

1号店创始团队成员&前法务总监

云集前法务总监

1药网前法务总监

前言

我曾在电商行业从业多年，看到过很多卖家、买家、平台间的纠纷，反映的问题也是千奇百怪。

某一线电商企业的客服电话曾被诟病为"最难打通的电话"。

短信提示快递已经被签收，签收人是"门把手"。

卖出的商品，买家要求退货退款，理由是"服务不好，影响心情"。

……

这些问题你是否熟悉？无论卖家、买家还是平台，出现纠纷之后最终一锤定音的是法院的判决。2019年1月1日，《中华人民共和国电子商务法》（简称《电商法》）正式施行，曾经的法律"真空地带"从此有法可依。《电商法》在经营主体、经营行为、税收、合同、物流、支付等方面针对常见典型问题做出了明确规定。这是电子商务领域的首部综合性法律，称之为全行业的法律"基础设施"也不为过。如果你是电子商务的从业人员，你就是《电商法》的指向人群。

然而，立法效力如此大的《电商法》，法条的专业性是极强的，没有法律专业背景的卖家、买家、平台难以透彻读懂，更遑论毫无偏差地依法执行、规避风险。

本书专为不具备法律专业背景的电商从业者而著。作者团队在各自的电商细分领域里长年耕耘、建树卓著，然而在写作本书的数月里，他们每一位都经历多次的书稿返工，为的是把晦涩的法律术语写得通俗易懂，为的是把专业化程度极高的法条变成让普通人快速理解的"大白话"。在此，我谨向各位参与本书创作的作者致敬！

本书分为工商注册篇、电商税务篇、知识产权篇、网络消费者权益篇、广告促销篇和电子商务合同与物流篇。每一篇都对相关的法条进行深度解析，并收纳了部分和法条对应的案例，以案说法。这些案例的背后，都是无数电商从业者日常所遇的相似情况。针对这些难点、争议点，本书出具了切实可行的操作建议，供读者遵循或参照。

电子商务是一个虚拟的线上交易世界，我们无法期待一部《电商法》从此解决所有问题，但是通过它，很多曾经的困扰确实不复存在。希望在这些已是板上钉钉、无可争议的法条面前，本书能够带你绕过"深坑"，为你争取权益，使你远离处罚。

最后，再次感谢各位专家作者（按姓氏拼音排序）。

柴玲

——浙江垦丁律师事务所联合创始人

杜东为

——中国广告协会法律咨询委员会常务委员

麻策

——浙江垦丁律师事务所联合创始人

王琼飞

——浙江垦丁律师事务所联合创始人，原腾讯、阿里巴巴集团法律专家

王雯雯

——物流领域知名互联网企业高级法律顾问，原达达–京东到家集团法务专家

王晓斌

——前杭州市余杭区市场监督管理部门网络市场监管执法专家

魏东杰

——有赞法务负责人

张晓

——浙江金道律师事务所资深税务律师

张延来

——浙江垦丁律师事务所创始人、主任

垦丁·网络法·学院　联合创始人　柯卡

2020年5月

目录

工商注册篇

电商税务篇

知识产权篇

网络消费者权益篇

电子商务合同与物流篇

工商注册篇

//

某市的小 M 看中了某大街上的街边商铺，准备开一家生活超市。他把铺位租下来之后就忙不迭地开始装修。但是，商铺并不是装修好了就能直接用来开店的，众所周知，在线下开店还需要办理营业执照。如果涉及食品经营，除了要办理营业执照以外，还要办理食品经营许可证。这一照和一证，就是开店的基础，需要小 M 早日去市场监督管理部门办理。同样的场景在线上是不是一样呢？小 M 想在电商平台上开设一个网店，是不是也需要办理营业执照？如果涉及食品，小 M 是不是也需要办理食品经营许可证呢？

这在新颁布的《电商法》中都有明确规定：电子商务经营者应当依法办理市场主体登记。《电商法》明确了开网店要办理营业执照，同时也规定了豁免办理营业执照的几种情形。下面就介绍一下，电子商务经营者有哪些，市场主体登记是怎么回事，电子商务经营者如何办理市场主体登记，以及哪些情形是可以不办理市场主体登记的。

一、电子商务经营者

要在网上开店，有很多选择，而首先要选择的是，找一个电商平台申请开店，在平台上注册账号，开通电子支付，接着向平台传递一系列资料，电商平台审核通过后就可以正式在网上开店了。而更大规模的企业可能并不想依附于电商平台，往往也会投入资金，独自设立官方网站，吸引消费者直接在其官网上下单购买，例如苹果公司就是如此。还有一种常见的选择，就是通过微信及其他类似的社交软件或App，通过朋友圈宣传商品和销售商品。以上几种模式都在《电商法》规定的范围之内，根据电子商务经营的不同渠道和不同方式，《电商法》确立了四种电子商务经营者。

1 电子商务经营者是什么

1.1 条文解析

《电商法》第九条 本法所称电子商务经营者，是指通过互联网等信息网络从事销售商品或者提供服务的经营活动的自然人、法人和非法人组织……

《电商法》第九条第一款定义了电子商务经营者，简而言之，开展电子商务活动的主体就是电子商务经营者。理解电子商务经营者，其实就是回答两个问题：一个是电子商务活动是做什么的，另一个是哪些人可以作为电子商务经营者。首先介绍一下电子商务活动具体是做什么的。《电商法》第九条的表述是"通过互联网等信息网络从事销售商品或者提供服务的经营活动"，这个表述同样可以在《电商法》第二条中看到，内容完全一致。这句话主要有以下三层意思。

第一是渠道，这是电商最显著的特征。电子商务活动是以互联网等信息网络为渠道实施的，其中互联网是最主要的，自然也包括手机上的移动互联网。电商通过信息网络这一渠道极大地突破了面对面交易限制，让远程交易成为现实并在更大范围内得到运用。当然，信息网络作为渠道，并不局限于当下的互联网形式，未来也有可能出现新的信息网络形式。

第二是内容，它包括销售商品和提供服务。销售商品，包括日常所见的大部分商品，如服装、日用品、电子产品、食品等；提供服务，包括旅客运输服务、培训服务、餐饮服务等。大部分线下已有的商品和服务都可以通过线上经营。

第三是性质，它是指经营性活动，是获取利益、谋求利润的活动，区别于非经营性活动。这里需要重点注意经营性和非经营性的区别，可以参考以下几种情形：首先看商品的来源，非经营行为是自用后闲置的，经营行为是向外采购或专门制作的；其次看商品的价格，非经营行为以转让物品为主，商品价格可能低于也可能高于原来的价格，具有很大的随机性，而经营行为以追逐利润为主，商品价格通常需要高于原来的价格，经营者要获取持续的利润；最后看行为是否持续，非经营行为根据自用的情况可能出现闲置物品，不同的人差别很大，转让行为的频率不固定，多半不具有持续性，经营行为需要持续获取利润，销售行为必然是持续进行的。

对于哪些人可以成为电子商务经营者，法律规定的是自然人、法人和非法人组织。简单来说，无论是个人还是公司，或是其他组织形式，都可以成为电子商务经营者，《电商法》对此没有做出限制。

1.2　案例说法

案例　小A在某市某街上租了商铺卖服装，在互联网上的本地生活论坛上打促销广告，欢迎人们到店购买春季新款服饰。广告效果很好，顾客纷纷到小A店里购买。小B平时在银行上班，他在淘宝的闲鱼网站上卖一块他现在已经不用的手表，按七折的价格挂了一个月，后来有人看中了，两人在网站上成交了，小B把手表寄给对方。小C开了一家餐馆，在微信上开设了公众号，食客到店里关注公众号扫码点餐。以上小A、小B和小C都是电子商务经营者吗？

他们都不是。小A是传统的线下经营者，主要经营服装。小A通过网络发布店铺促销广告，实际的交易都是在实体店铺中完成的。因此，小A仅在网络上打广告，这不属于电子商务活动，小A不是电子商务经营者。

小B在银行上班，他在网上卖一块自己闲置不用的手表，虽然看上去是在

3

销售商品，但这不是一种经营行为。因为小B转让的是自用后的闲置物品，不是为了销售而专门采购的物品，同时转让手表的价格比他买来的价格低，而且这样的行为也不具有持续性。因此，小B进行的是二手转让的非经营性活动，他不是电子商务经营者。

小C的餐馆用扫码点餐方式提供服务，这是小C的实体店铺经营中的一个环节。扫码点餐这种形式虽然是借助信息网络实现的点餐下单功能，是餐饮服务的一部分，但实际上消费者是直接在线下的店内消费的。消费者基于实体店进店消费，而并非通过信息网络实现消费。因此，小C也不是电子商务经营者。

1.3 给商家的建议

为什么要知道什么是电子商务活动和电子商务经营者呢？因为这对于商家来说，最直观的体现就是能判断其是否需要受到《电商法》的约束。如果商家从事的不是电子商务活动，自然就不在《电商法》管辖的范围之内。

2 电子商务经营者的不同类别

2.1 条文解析

《电商法》第九条　本法所称电子商务经营者，是指通过互联网等信息网络从事销售商品或者提供服务的经营活动的自然人、法人和非法人组织，包括电子商务平台经营者、平台内经营者以及通过自建网站、其他网络服务销售商品或者提供服务的电子商务经营者。

本法所称电子商务平台经营者，是指在电子商务中为交易双方或者多方提供网络经营场所、交易撮合、信息发布等服务，供交易双方或者多方独立开展交易活动的法人或者非法人组织。

本法所称平台内经营者，是指通过电子商务平台销售商品或者提供服务的电子商务经营者。

《电商法》确定了四类电子商务经营者，分别是：电子商务平台经营者、平台内经营者、自建网站电子商务经营者和基于其他网络服务的电子商务经营者。《电商法》第九条第二款、第三款分别对电子商务平台经营者和平台内经营者的含义做了进一步规定。这两个法律概念指向平台和平台内的商家，平台经济目前仍然是电子商务活动最主要的形态之一，这两类市场主体在电子商务活动中占据了很高的比例。

（1）电子商务平台经营者：根据《电商法》第九条第二款的内容，电子商务平台经营者包括四个显著的服务内容：提供场所、交易撮合、信息发布、实现交易。其中，提供场所、信息发布和实现交易是电子商务平台的基础功能。提供场所指的是平台能够为进驻商家提供独立的网店网址，商家以这个网址作为网络经营场所开展电子商务活动；信息发布指的是平台为商家提供各种渠道发布商品和服务的信息，既包括在商家店铺内发布的信息，也包括商家通过平台在更大范围内发布的信息；实现交易指的是商家可以通过平台与买家之间完成整个交易，包括形成订单、电子支付、物流记录等环节。在基础功能的基础上，交易撮合是平台更重要的特征。平台作为第三方，不参与商家和买家之间的具体交易过程，但平台需要在供给和需求之间撮合交易达成。平台会整合商家信息，对商品进行分类，组织大型促销活动，推送更好的商品等，这些都是平台撮合交易的具体动作。

（2）平台内经营者：进驻到平台上的商家就是平台内经营者，其借助平台开展电子商务活动。

（3）自建网站电子商务经营者：在信息网络上，企业自行搭建网站，可以在网站上实现整个交易过程。自建网站，一类是品牌知名度很高的企业自行设立的官方销售渠道，另一类是大型电商平台的自营商品部分，例如京东商城、当当网、网易严选等的自营商品。这类电商平台可以说是"混业"经营，既有作为第三方平台提供服务的内容，也有自身销售商品的内容。《电商法》明确区分了电子商务平台经营者和自建网站电子商务经营者，平台经营者必然是不参与具体交易的。因此针对"混业"经营的平台，就有上述两种属性。

（4）基于其他网络服务的电子商务经营者：这是法律规定的"兜底"情形。除了前述三种类别之外的其他电子商务经营者都在其中。目前最常见的就是朋友圈微商，其借助微信这一网络社交系统销售商品。未来可能会有更多新形态的电子商务经营者，难以归类到前三种类别的，都纳入基于其他网络服务的电子商务经营者中。

2.2 案例说法

案例 D公司提供各种身体保健的教学视频课程，用户可通过链接进入微信小程序，在小程序中购买课程，观看视频；小E主要销售茶叶，经常会在朋友圈发布最新茶叶的信息，包括图片、价格，还会附上购买链接，买家点击链接后，页面会跳转到小E在淘宝网上的店铺，然后买家可下单购买；域名服务商F主要提供域名服务，根据用户的需求出具网络经营场所的证明。D公司和小E属于哪一类电子商务经营者？域名服务商F是否属于电子商务平台经营者？

D公司属于自建网站电子商务经营者。根据微信对小程序的说明：小程序是"一种全新的连接用户与服务的方式，它可以在微信内被便捷地获取和传播，同时具有出色的使用体验"。D公司的教学视频课程是其自身开发的程序，搭建在其本地或云端服务器，通过小程序的接口连接到微信平台。

小E属于平台内经营者。虽然小E在微信朋友圈发布商品信息，但最终交易是在淘宝网上的店铺内完成的。小E在微信端所做的是商品宣传，这部分行为不属于电子商务活动。链接跳转后，在淘宝店铺内形成订单，意味着交易形成。因此小E是通过淘宝平台的店铺销售茶叶的，是淘宝平台的平台内经营者。

域名服务商F不是电子商务平台经营者。域名服务商仅仅提供域名解析服务，域名本身仅仅是网址，没有信息发布功能，靠域名也无法实现交易功能。进一步来说，域名服务商的服务仅限于域名，并不能吸引买家，更加不可能实现撮合交易的功能。综合《电商法》规定的四类电子商务经营者，域名服务商并不符合相应的要求。

2.3 给商家的建议

作为商家，其需要区分自身属于哪一类电子商务经营者。针对电子商务平台经营者，《电商法》在第二章第二节中做了很多的专门性规定，赋予了该类主体较多的法律义务，设定了相应的法律责任，商家需要对此加以重视。

二、电子商务经营者如何办理证照

1 有关办理营业执照的基本规定的解析

《电商法》第十条 电子商务经营者应当依法办理市场主体登记……

《电商法》第十二条 电子商务经营者从事经营活动，依法需要取得相关行政许可的，应当依法取得行政许可。

《网络交易管理办法》第七条 从事网络商品交易及有关服务的经营者，应当依法办理工商登记。

从事网络商品交易的自然人，应当通过第三方交易平台开展经营活动，并向第三方交易平台提交其姓名、地址、有效身份证明、有效联系方式等真实身份信息。具备登记注册条件的，依法办理工商登记。

从事网络商品交易及有关服务的经营者销售的商品或者提供的服务属于法律、行政法规或者国务院决定规定应当取得行政许可的，应当依法取得有关许可。

电子商务经营者应当办理市场主体登记，经营活动涉及行政许可的需要取得有关部门许可。这意味着在网上开店就需要办理营业执照，无论是在各大电商平台上开店，还是在微信类的社交平台上开展电子商务活动，都要办理营业执照。同时，如果销售商品还涉及许可，如销售食品需要办理食品经营许可证，那就要取得相应的许可。目前，电子商务经营者可以选择的市场主体登记形式有个体工商户、公司、农民专业合作社、合伙企业等。

自然人网店豁免办理主体登记（2019年1月1日以前）：在《电商法》正式实施之前，有关主体是否需要办理营业执照的规定，详见《网络交易管理办法》第七条之规定。在该规定第一款的内容中，基本原则仍然是"应当依法办理工商登记"。但第二款针对自然人网店的情况做出了特别规定，通常情况下，经营者提交"姓名、地址、有效身份证明、有效联系方式等真实身份信息"即可在网络交易平台从事经营活动。这一规定被认为是自然人网店豁免办理营业执照的依据。因此，在过去电子商务活动不断发展的过程中,自然人网店仅仅依靠身份信息就能开设,如此"零门槛"准入,极大地便利了该类主体的发展,其在相当长的时间里都是电商行业的"主力军"。同样因其蓬勃发展,无须办理营业执照的弊端也开始显现。最突出的问题就是该类网店成为假冒伪劣商品的聚集地和"藏身地"。在市场监督管理部门查处的网络假冒伪劣案件中,自然人网店占据了非常高的比例,其中冒用身份信息开店或者挂靠他人身份信息开店的情形较为普遍。直至《电商法》出台前夕,线上线下一致监管的呼声越来越高,立法将其吸纳,最终体现在该法第九条的相关规定之中。

规定的营业执照类型

《个体工商户条例》第二条　有经营能力的公民,依照本条例规定经工商行政管理部门登记,从事工商业经营的,为个体工商户。

《中华人民共和国公司法》第六条　设立公司,应当依法向公司登记机关申请设立登记。符合本法规定的设立条件的,由公司登记机关分别登记为有限责任公司或者股份有限公司;不符合本法规定的设立条件的,不得登记为有限责任公司或者股份有限公司。

第七条　依法设立的公司,由公司登记机关发给公司营业执照。公司营业执照签发日期为公司成立日期。

《中华人民共和国农民专业合作社法》第二条　本法所称农民专业合作社,是指在农村家庭承包经营基础上,农产品的生产经营者或者农业生产经营服务的提供者、利用者,自愿联合、民主管理的互助性经济组织。

第五条　农民专业合作社依照本法登记,取得法人资格。

《中华人民共和国合伙企业法》第二条　本法所称合伙企业,是指自然人、法人和其他组织依照本法在中国境内设立的普通合伙企业和有限合伙企业。

第十条　申请人提交的登记申请材料齐全、符合法定形式,企业登记机关能够当场登记的,应予当场登记,发给营业执照。

以上几种市场主体组织形式是较为常见的。对于电子商务平台经营者而言,《电商法》限定只能是法人和非法人组织,排除了自然人,因此电子商务平台经营者的市场主体登记形式排除个体工商户。对于其他类别的电子商务经营者,《电商法》均没有做出限制。国家市场监管总局为做好

《电商法》有关主体登记的工作，特别制定发布了《市场监管总局关于做好电子商务经营者登记工作的意见》，简称为236号文件。这个文件对电子商务经营者的主体登记工作做了较为全面的规定，特别是对个体户的登记形式，做了很明显的突破和创新。

市场监管总局
关于做好电子商务经营者登记工作的意见（节选）

二、电子商务经营者应当依法办理市场主体登记。电子商务经营者申请登记成为企业、个体工商户或农民专业合作社的，应当依照现行市场主体登记管理相关规定向各地市场监督管理部门申请办理市场主体登记。个人销售自产农副产品、家庭手工业产品，个人利用自己的技能从事依法无须取得许可的便民劳务活动和零星小额交易活动，以及依照法律、行政法规不需要进行登记的除外。

236号文件确立了电子商务经营者登记的基本前提。该文件第二条规定了电子商务经营者应当依照现行市场主体登记管理相关规定，申请办理市场主体登记，强调了线上线下相一致的原则。那么登记为企业和农民专业合作社的电子商务经营者，都要根据已有的规定进行申请。该文件对电子商务经营者没有做出任何新的规定。

2 自然人网店的主体登记

自然人网店可以是平台内经营者、自建平台电子商务经营者、其他网络服务电子商务经营者，其选择的市场主体组织形式应当是个体工商户。

2.1 条文解析

（1）实体经营场所的个体工商户登记

《个体工商户登记管理办法》第六条 个体工商户的登记事项包括：（一）经营者姓名和住所；（二）组成形式；（三）经营范围；（四）经营场所。个体工商户使用名称的，名称作为登记事项。

第七条 经营者姓名和住所，是指申请登记为个体工商户的公民姓名及其户籍所在地的详细住址。

第八条　组成形式，包括个人经营和家庭经营。家庭经营的，参加经营的家庭成员姓名应当同时备案。

第九条　经营范围，是指个体工商户开展经营活动所属的行业类别。登记机关根据申请人申请，参照《国民经济行业分类》中的类别标准，登记个体工商户的经营范围。

第十条　经营场所，是指个体工商户营业所在地的详细地址。个体工商户经登记机关登记的经营场所只能为一处。

上述规定适用于具有实体经营场所的个体工商户。这部分主体登记的最大难点就是经营场所。经过近年商事登记改革和"最多跑一次"的行政审批改革，办理个体工商户主体登记的流程和材料要求已经被大大简化。经营者只需提供一张身份证，填写一些表格，顺利的话当天就可以办理完毕主体登记。而经营者最大的难题可能在于提供可以用于经营活动的房屋证明材料，以及住宅性质的不动产权证和农村自建房地址能否办理个体工商户主体登记。关于这部分的规定，各地区都不相同，大部分地区住宅性质的不动产权证并不允许作为经营场所；农村自建房地址需要所在村、镇（街道）的意见，经确认方可作为经营场所，对此，经营者需要到各地负责市场主体登记的市场监督管理部门进行具体咨询。

（2）网络经营场所的个体工商户登记

市场监管总局关于做好电子商务经营者登记工作的意见（节选）

三、电子商务经营者申请登记为个体工商户的，允许其将网络经营场所作为经营场所进行登记。对于在一个以上电子商务平台从事经营活动的，需要将其从事经营活动的多个网络经营场所向登记机关进行登记。允许将经常居住地登记为住所，个人住所所在地的县、自治县、不设区的市、市辖区市场监督管理部门为其登记机关。

四、以网络经营场所作为经营场所登记的个体工商户，仅可通过互联网开展经营活动，不得擅自改变其住宅房屋用途用于从事线下生产经营活动并应作出相关承诺。登记机关要在其营业执照"经营范围"后标注"（仅限于通过互联网从事经营活动）"。

《网络交易监督管理办法（征求意见稿）》（节选）

第十条　网络交易经营者申请登记为个体工商户的，允许其将网络经营场所作为经营场所进行登记。对于在两个以上网络交易平台从事经营活动的，需要将其从事经营活动的所有网络经营场所向登记机关进行登记。允许将经常居住地登记为住所，个人住所所在地的县、自治县、不设区的市、市辖区市场监督管理部门为其登记机关。

上述条款涉及以个体户组织形式办理营业执照的具体操作内容，其主要明确了三个方面的内容，分别是登记机关、登记经营地址、登记经营范围。这一条款突破了原有以实体位置为基础的登记规则，创设了网络经营地址的登记规则，给电子商务经营者办理营业执照带来了相当大的便利。

① 登记机关。对于个人住所所在地的县、自治县、不设区的市、市辖区，市场监督管理部门为其登记机关。关于个人住所，《中华人民共和国民法典》（简称《民法典》）第二十五条规定，自然人以户籍登记或者其他有效身份登记记载的居所为住所；经常居所与住所不一致的，经常居所视为住所。《个体工商户登记管理办法》第七条规定，经营者住所指的是其户籍所在地的详细住址。236号文件增加了经常居住地为住所。综合可见，住所地就是个人的户籍所在地，或者经常居住地。那么申请登记的机关，也就是在上述地址所在地的市场监督管理部门。通俗地讲，即电子商务经营者在哪里，就在哪里登记。

② 登记经营地址。根据《个体工商户登记管理办法》第十条的规定，经营场所是指个体工商户营业所在地的详细地址。具体的要求是经营者要提交经营场所的证明。236号文件说的是允许将网络经营场所作为经营场所登记，并没有允许住宅房屋可以作为经营场所登记。因此提交的应当是证明网络经营场所的材料，而不是住宅房屋的材料。假设你在淘宝平台上从事电商经营活动，则需要提供你在淘宝平台上运营的个人网络店铺的地址证明。目前各大电商平台都已经打开了获取网络经营地址证明的通道，买家可以具体查询获取。

③ 登记经营范围。236号文件第四条意见明确规定：取得网络经营地址的登记主体，仅可通过互联网开展经营活动；其登记的"经营范围"后，应标注"（仅限于通过互联网从事经营活动）"。因此，236号文件并没有创设任何新的经营范围，仅仅是在原有的经营范围的基础上做了限制，因此，经营者的经营行为是相同的，只是这个行为仅在互联网开展。

2.2 案例说法

案例 小X在某市某街租赁商铺开设服装店，之前已办理营业执照，现在小X打算到淘宝网上再开一个自然人网店，小X是否还要办理营业执照；小Y的户籍地是在杭州某区，小Y现在定居于福州某区，他准备在总部位于北京某区的京东商城上开设一家个人网店销售运动鞋，小Y想办理网络经营地址的个体工商户营业执照，应该去哪里登记办理；小Z准备在网络订餐平台上开一个自然人店铺做小吃外卖，小Z需要取得哪些资质资格，能否办理网络经营地址的个体工商户营业执照。

小X已经取得了实体经营地址的营业执照，其经营范围中有服装销售的经营项目，其营业执照可以直接用于网络销售，他无须另行办理营业执照。

小Y可以去目前的经常居住地福州，办理网络经营地址的个体工商户市场主体登记。有户籍地和经常居住地的，以经常居住地为住所地，根据236号文件要求，应在住所地办理网络经营地址的个体工商户登记。

小Z不能办理网络经营地址的个体工商户营业执照，只能办理具有实体经营地址的个体工商户营业执照。小Z做小吃外卖，从事的是热食类食品经营活动，这是需要取得食品经营许可的经营活动。根据有关食品经营许可的要求，此类经营者应当具备实体的经营场所，经核查符合许可条件，取得食品经营许可后方能从事有关经营活动。因此，小Z应当先取得有实体经营地址的个体工商户营业执照，而后向许可部门提出许可申请。

2.3 给商家的建议

国家市场监督管理总局针对电子商务经营者主体登记的特殊规定是具有突破性的，创新了网络经营地址的概念。目前来说，该规定主要赋予了各电商平台经营者提供网络经营地址证明的权利。因此，商家进驻电商平台前，务必了解该平台是否有资格出具网络经营地址证明，应选择合法合规的电商平台开设网店从事电子商务活动。

3 企业类店铺的主体登记

企业类店铺从《电商法》对电商主体的分类来说，可能是平台内经营者，也可能是自建网站电子商务经营者或者基于其他网络服务的电子商务经营者。在具体场景中，企业类店铺包括在平台上开设的旗舰店、专营店等，也包括自建官方网站。企业类店铺的主体登记，可以选择的组织形式包括公司、合伙企业、个人独资企业等。其中，公司是最为常见的，大部分企业类网店都是采用公司的组织形式取得营业执照的。同时，这部分主体登记的要求在《电商法》下没有新的规定，采用公司等企业组织形式的营业执照，只能使用实体经营地址登记的形式，不存在网络经营地址登记的形式。这在236号文件中也是有明确规定的。下面以有限责任公司组织形式为例，简要介绍企业类店铺主体登记的规则。

《中华人民共和国公司登记管理条例》第九条　公司的登记事项包括：（一）名称；（二）住所；（三）法定代表人姓名；（四）注册资本；（五）公司类型；（六）经营范围；（七）营业期限；（八）有限责任公司股东或者股份有限公司发起人的姓名或者名称。

第二十条　设立有限责任公司，应当由全体股东指定的代表或者共同委托的代理人向公司登记机关申请设立登记……

申请设立有限责任公司，应当向公司登记机关提交下列文件：（一）公司法定代表人签署的设立登记申请书；（二）全体股东指定代表或者共同委托代理人的证明；（三）公司章程；（四）股东的主体资格证明或者自然人身份证明；（五）载明公司董事、监事、经理的姓名、住所的文件以及有关委派、选举或者聘用的证明；（六）公司法定代表人任职文件和身份证明；（七）企业名称预先核准通知书；（八）公司住所证明；（九）国家工商行政管理总局规定要求提交的其他文件。

法律、行政法规或者国务院决定规定设立有限责任公司必须报经批准的，还应当提交有关批准文件。

有限责任公司是当前社会经济活动中最常见的法人组织，在电子商务活动中同样如此。取得有限责任公司的主体登记，根据上述规则，需要有公司名称、公司章程、住所、股东、法定代表人、注册资本等，相对个体工商户的主体登记更为严谨和复杂。经营者着重需要注意以下几点。

（1）登记机关。向公司住所所在地登记机关提出申请。

（2）公司住所。公司住所是公司主要的办事机构所在地，应当是线下实体经营地址。经登记的公司住所只能有一个。

（3）注册资本。目前公司注册资本实行认缴制，大部分行业不再设定注册资本准入门槛。在认缴制下，公司资本的实缴时间可以由股东自由约定，基本实现零门槛设立公司。其存在的风险是，股东未实缴资本，将对公司债务承担连带责任。

（4）经营范围。一般经营项目均不受限制，公司可以自主选择经营。需要许可的经营内容，取得许可后方可从事相关经营活动。

4 不用办理营业执照的电子商务经营者

根据《电商法》第十条的规定，电子商务经营者办理营业执照是一般性要求，正常情况下电子商务经营者都应当办理营业执照。同时，考虑到电子商务的特殊性，结合《无证无照经营查处办法》的规定，《电商法》第十条也规定了允许部分市场主体可以不办理营业执照的内容。

4.1 条文解析

《电商法》第十条 电子商务经营者应当依法办理市场主体登记。但是，个人销售自产农副产品、家庭手工业产品，个人利用自己的技能从事依法无须取得许可的便民劳务活动和零星小额交易活动，以及依照法律、行政法规不需要进行登记的除外。

《无证无照经营查处办法》第三条 下列经营活动，不属于无证无照经营：

（一）在县级以上地方人民政府指定的场所和时间，销售农副产品、日常生活用品，或者个人利用自己的技能从事依法无须取得许可的便民劳务活动；

（二）依照法律、行政法规、国务院决定的规定，从事无须取得许可或者办理注册登记的经营活动。

《电商法》第十条明确了五种情形无须办理市场主体登记，分别包括以下内容。

（1）个人销售自产农副产品。这一情形有三个条件：第一，主体必须是个人，包括个体户，但不允许是公司、合伙企业等；第二，商品必须是农副产品，包括蔬菜、水果、粮食等；第三，形式必须是自产自销，自己种植自己销售，例如开设网店销售自己田地里种的玉米。

（2）个人销售家庭手工业产品。这一情形需要符合两个条件：第一，主体仍是个人；第二，商品必须是家庭手工业产品，即个人亲手做的手工艺品，不能是工业化机器设备生产加工的产品，例如自制的十字绣、中国结、雕塑制品等。

（3）个人利用自己的技能从事依法无须取得许可的便民劳务活动。这种情形涉及条件比较多，包括以下内容：第一，主体仍然是个人；第二，个人提供便民劳务活动，例如修理、理发等活动，是一种日常便民的服务活动；第三，个人利用自己的技能，同样着重突出自己的技能，这项服务是经营者自己通过学习掌握的技能；第四，个人依法无须取得许可，许可不同于主体登记，需要许可的经营活动如食品经营活动，无论是销售食品还是提供餐饮服务，都需要取得食品经营许可。

（4）零星小额交易活动。《电商法》新创设的是零星小额交易活动这类情形，目前还没有明确如何具体量化。零星是频率，小额是金额，也就是说，对于频率低、金额小的电子商务活动，经营主体无须办理主体登记。无论怎样明确，都应该坚持两个原则：一是办理主体登记是常态，零星小额是特殊个例；二是零星小额经转化一旦符合主体登记要求，就应当及时办理主体登记。

（5）依照法律、行政法规不需要进行登记的市场主体。这一情形是为了衔接其他法律法规的规定，不排除日后有新的不需要办理主体登记的情形。只要是法律和行政法规明确规定的，都可以纳入《电商法》中，这体现了法律为适应未来而保留的灵活性。

4.2 案例说法

案例 小Q的家乡在陕西富平，家里种了很多柿子树。到了柿子丰收的季节，小Q会采摘柿子做成柿饼。为了更好地打开销路，小Q在网上开设网店销售柿饼；小P学会了手工刺绣，自己手工制作各种各样花式的小手帕、小团扇等，同样在网上开设网店销售这些手工制品；小H手脚勤快，擅长打扫、清理房间，总是能在短时间内完成工作，让一切变得井井有条，最近小H不再通过家政公司，而是通过微信朋友圈介绍自己的服务，很多雇主通过微信找到小H；小J是一名公司文员，朋友是开服装作坊的，有稳定的围巾货源，小J的业余时间用来在网上开店销售围巾，每条围巾售价20元左右，但因为小J没有花钱做广告，网上的店铺很少有人光顾，一个月最多卖出10条围巾。以上的小Q、小P、小H、小J都需要办理市场主体登记吗？

根据《电商法》第十条的规定，他们都不需要办理市场主体登记。

小Q销售自家种植和加工的柿饼，属于个人销售自产农副产品的情形。

小P销售自己制作的刺绣工艺品，属于个人销售家庭手工业产品的情形。

小H在微信朋友圈提供家政服务，属于个人利用自己的技能从事依法无须取得许可的便民劳务活动。

小J销售围巾数量少，单价低，销售额低，属于零星小额交易活动。

4.3 给商家的建议

不需要取得市场主体登记，是《电商法》的一类特殊情形，网店商家可以对照衡量自身是否属于上述五种情形之一。商家需要注意的是，无须取得市场主体登记并不意味不需要承担相应的法律责任，根据《电商法》的要求，商家应当公示自身无须办理市场主体登记的具体情形，以及承担商品和服务的质量保障责任、消费者权益保护责任等。

电商税务篇

//

　　电子商务作为交易模式的创新，其交易实质与传统商务并无区别，无论在《电商法》出台前或出台后，理所当然在征税范畴之内。不过，基于传统的税收体制一时间对新兴的经济模式尚无法适应、政府部门出于支持新型业态发展的考虑而放松了电商管理等原因，造成线上线下在实际征管中的松紧不一，税负不同，因而在人们中间产生了"电商不用征税"或"电商不用开票"的误解。

　　早在 2016 年 11 月，《国务院办公厅关于推动实体零售创新转型的意见》明确提出"营造线上线下企业公平竞争的税收环境"，无论采用传统贸易模式还是电子商务模式都应享有同等税负，拥有公平的税收环境和市场竞争环境。所以说，规范电商征税这把"利剑"一直悬在头顶，这次《电商法》也是对此的一种呼应。《电商法》第四条明确提出"国家平等对待线上线下商务活动，促进线上线下融合发展"，体现了税收中性和税负公平原则；第十条明确除特殊情况外，电子商务经营者应当依法办理市场主体登记，这解决了纳税主体和纳税地点的问题，为进一步的税收征管创造了条件；第十一条要求电子商务经营者应当依法履行纳税义务，把电子商务经营者切实纳入了纳税义务人的范围，要求其按照相关税收法律法规进行纳税申报。

一、电商涉及的税种

电商最常涉及三大税种，即增值税、企业所得税、个人所得税。此外，城建税、教育费附加、印花税等也是较为常见的税种。

1 税务基础知识

为了帮助大家更好地理解各大税种，先来了解税收上的基本概念。

1.1 纳税义务人

纳税义务人即纳税人，也称为纳税主体，指的是税法规定的直接负有纳税义务的法人、自然人及其他组织。纳税义务人解决了对谁征税或由谁纳税的问题，任何税种都有其对应的纳税义务人。

现实中很多人会把纳税义务人和税负承担者混淆起来，把纳税义务人等同于实际承担税负的负税人。以增值税为例，虽然增值税的纳税义务人是销货方，但是税负的承担者是最终的消费者。此外，纳税义务人是法定的，但是税负可以转嫁，可以通过民事约定的方式来确定实际承担者。

1.2 扣缴义务人

扣缴义务人指的是税法规定的在其经营活动中负有代扣税款并代为缴纳的单位或个人。为了加强税源监控，简化征税手续，有一些税收并不直接向纳税人收取，而是由涉税行为的相关方代扣之后代为纳税申报。最常见的扣缴义务人有两类，第一类针对劳动、劳务提供者，对于支付给单位员工的工资薪金或者支付给劳务提供方的劳务报酬，公司都需要进行代扣代缴；第二类针对境外的纳税人，对于支付给境外机构的收入，由境内的购买方作为扣缴义务人进行代扣代缴。

1.3 征税对象

征税对象也称课税对象,解决的是对什么征税的问题,它是一个税种区别于另一个税种的主要标志。不同的税种对应不同的征税对象。征税对象的种类有很多,如货物、劳务、服务、所得、财产、行为等。征税对象具体化为各税种的征税项目,就是我们通常所说的税目。

1.4 计税依据

计税依据也称税基,解决的是应纳税额的计算依据问题,是征税对象在数量上的具体化。以增值税为例,其计税依据是销售额(不含税),如面包含税售价11.3元,计税依据是不含税价10元。以企业所得税为例,其计税依据是应纳税所得额,如某公司2018年利润总额为100万元,应纳税所得额为80万元,计税依据是应纳税所得额80万元。

1.5 税率

税率指的是应纳税额与计税依据间的法定比例,常见的有比例税率(如增值税)、累进税率(如个人所得税)和定额税率(如城镇土地使用税)。在增值税中,还有一个类似于税率的概念,叫作征收率,它针对的是小规模纳税人和简易征收的一般纳税人。

2 增值税 —— 环环征收的间接税

增值税这个名词相信大部分人都不陌生,它与我们日常的生活密不可分。例如,我们去超市买面包,一袋面包标价11.3元(销售货物的增值税税率为13%),只要顾客购买了面包,那么顾客就承担了面包的增值税税负1.3元,而超市计为销售收入的是10元。这1.3元的增值税看似由超市上缴至税务局,但实际上却是由消费者负担的。

增值税属于流转税,在2016年全面"营改增"之后,营业税在中国的历史舞台上消失了,流转税就成了增值税的天下。增值税,顾名思义,是以货物、劳务或服务等在流转过程中产生的增值额为计税依据而征收的一种流转税,它在一定程度上解决了营业税重复征税的问题。那么什么是增值额呢？简单来说，当期产生的销售额减去购进商品或服务的成本后的差额就是该环节所创造的增值部分。例如，A淘宝店以100元的价格购进一件服装，再以120元的价格出售给B淘宝店，该环节产生的增值额就是20元；B淘宝店再以150元的价格出售给C消费者，该环节产生的增值额就是30元。

无论企业是否盈利，有经营就要缴纳增值税，这与有盈利才需要缴税的所得税是不同的。要了解增值税，首先需要把握以下三组对比概念。

2.1　含税价与不含税价

增值税与营业税的一大区别在于前者是价外税，后者是价内税，因此增值税需要区分含税价和不含税价。两者之间的换算方法为：不含税价（销售额）=含税价（含税销售额）÷（1+增值税税率）

日常消费中支付的价款一般都是价税合计数，即有"价"又有"税"，称为含税价。例如，前文超市面包售价11.3元（销售货物的增值税税率为13%），不含税价10元计入销售额，剩余的1.3元计入增值税税额。再如，消费者支付餐饮费用共计106元（餐饮服务的增值税税率为6%），其中的100元是真正的餐饮销售额，即不含税价，其中的6元是消费者支付给饭店的增值税税额，合计的106元即为含税价。

2.2　纳税人类型：一般纳税人与小规模纳税人

增值税纳税人指的是在中华人民共和国境内销售货物或者加工、修理修配劳务（简称劳务），销售服务、无形资产、不动产以及进口货物的单位和个人。随着营业税的消失，基本上我国所有的商品（含货物、劳务、服务等）流转都需要缴纳增值税，电商领域也是如此。

增值税纳税人分两种：一般纳税人和小规模纳税人，前者通常按照一般计税方法计算增值税，后者按照简易计税方法计算增值税。区分的标准为：一看经营规模，二看会计核算。目前经营规模的标准统一为年应税销售额500万元，不再区分纳税人的业务类型。一般情况下，年应税销售额超过500万元的为一般纳税人，年应税销售额未超过500万元（含）的为小规模纳税人。对于年应税销售额未超过规定标准的纳税人，如果会计核算健全，能够准确提供税务资料的，也可以登记为一般纳税人。

打个比方，一般纳税人就像大户人家，财大气粗，财务制度健全规范，适用的税率比较高；小规模纳税人就像小户人家，收入不多，财务制度不健全不规范，适用较低的征收率。但是，如果一户收入不高的人家，"人穷志大"，建立了健全的财务制度，那么也可以像大户人家一样被对待。

年应税销售额是指纳税人在连续不超过12个月的经营期内累计应征增值税销售额，也就是说，年应税销售额的"年"并不是指会计年度，而是采用往前推算、滚动累加的方法。例如，某电商公司从2018年3月至2019年2月共计实现了销售额510万元，那么该公司就成为一般纳税人。如果该电商公司在该期间的销售额为490万元，但是会计核算和财务资料都健全齐备，也可以选择成为一般纳税人。

2.3 增值税计税方法：一般计税方法与简易计税方法

商品的增值额或附加值在实际流转过程中很难准确计算，因此国际上普遍采用税款抵扣的方法来确定应纳增值税，也就是一般计税方法。

一般纳税人原则上采用一般计税方法。一般计税方法的税率较高，可以用于抵扣进项税额。应纳税额为当期销项税额减去当期进项税额后的余额，计算公式为：应纳税额=当期销项税额-当期进项税额。其中，销项税额为当期发生的销售额乘以适用税率计算的税额，计算公式为：销项税额=销售额×适用税率；进项税额则为纳税人购进货物、劳务、服务、无形资产、不动产支付或者负担的增值税税额，包括销售方取得的增值税专用发票上注明的增值税税额、从海关取得的海关进口增值税专用缴款书上注明的增值税税额等。由于进项税额明确限定了抵扣的凭证种类，即使企业发生了真实的购货成本，如果不能取得合规的增值税专用发票等凭证，也无法抵扣进项税额。

一般纳税人发生不同性质的应税行为适用不同的税率，自2019年4月1日起，我国的增值税税率为以下四档：13%、9%、6%、0。

小规模纳税人发生的应税行为以及一般纳税人发生特定的应税行为，采用简易计税方法。简易计税方法适用征收率，不得抵扣进项税额，直接按照销售额乘以征收率得出应纳税额，即：应纳税额=销售额×征收率。征收率一般为3%。因为小规模纳税人不得抵扣进项税额，所以即使小规模纳税人取得了增值税专用发票，也不能进行抵扣。

具体到电商领域中，一般的货物销售行为适用13%的增值税税率，如出售服装、电器、食品等。一般提供服务的行为适用6%的增值税税率，如餐饮服务、技术服务、宣传推广等。例如，某淘宝店出售女装，当月的销售收入为200万元（不含税），当月购货取得的增值税专用发票上注明的税额为16万元。如果该店为一般纳税人，则当月应缴纳的增值税税额为200×13%−16=10万元。如果该店为小规模纳税人，销货和进货情况同上，则当月应缴纳的增值税税额为200×3%=6万元。

除了以上三组对比概念外，增值税上还有针对销项存在视同销售、针对进项存在不得抵扣的情形。

2.4 视同销售

2018年10月，财政部发布了《2018年会计信息质量检查公告》，公告指出了2017年度会计执法检查中发现互联网行业存在的一些特点和问题，并且点名批评了包括小米、苏宁易购等在内的互联网企业，其中小米公司存在对外赠送商品未作为视同销售行为申报缴税等问题。那么什么是视同销售呢？

简单来说，某商品含税售价为113元，店铺有权利将该商品送给客户，也有义务将其中包含的13元增值税上缴给税务局。所以，视同销售的意思是虽然没有发生真实的销售，在会计上也没有确认收入，但在税法上要按照销售来缴纳相应的增值税。除了将自产货物无偿赠送给其他单位或个人外，将自产货物发给员工用于集体福利或分配给股东，以及以实物资产作价出资等，都属于视同销售，需要参照同类货物的市场销售价格征收增值税。

在网店的促销活动中，消费满一定金额即赠送一定物品是惯用的促销手段，赠品部分就属于增值税上的"视同销售"。例如，某网店搞促销活动，店内购物满500元即送丝巾，丝巾在店内的售价为80元。顾客A购买了一条价值520元的连衣裙，免费获得了赠送的丝巾，共计支付520元，发票备注栏里注明赠送了一条丝巾，那么就该笔销售，网店除了确认连衣裙的销售收入520元外，还需要确认丝巾的销售收入80元，该80元就属于增值税上的视同销售，共计确认销项税额为（520+80）×13%=78元。（注：上述业务采用不同的发票填写方式可能适用不同的税务处理。）

《中华人民共和国增值税暂行条例实施细则》第四条　单位或者个体工商户的下列行为，视同销售货物：

（一）将货物交付其他单位或者个人代销；

（二）销售代销货物；

（三）设有两个以上机构并实行统一核算的纳税人，将货物从一个机构移送其他机构用于销售，但相关机构设在同一县（市）的除外；

（四）将自产或者委托加工的货物用于非增值税应税项目；

（五）将自产、委托加工的货物用于集体福利或者个人消费；

（六）将自产、委托加工或者购进的货物作为投资，提供给其他单位或者个体工商户；

（七）将自产、委托加工或者购进的货物分配给股东或者投资者；

（八）将自产、委托加工或者购进的货物无偿赠送其他单位或者个人。

2.5　不得抵扣进项税额

视同销售是对于未发生真实销售却需要计征增值税的一项特殊处理，而不得抵扣进项税额则是对于发生了真实购货却不能抵扣增值税的特殊处理。在特定情况下，即使企业取得了合法的扣税凭证，其所涉及的进项税额依然不得抵扣。

常见的不得抵扣进项税额的情形可以分为三大类，如表2-1所示。

表2-1　不得抵扣进项税额

使用用途	用于简易计税方法计税项目
	用于免征增值税项目
	用于集体福利
	用于个人消费
非正常损失	管理不善造成
	违反法律法规造成
其他列举项目	贷款服务
	餐饮服务
	居民日常服务
	娱乐服务

第一类是用于简易计税方法计税项目、免征增值税项目、集体福利或者个人消费的购进货物，加工修理修配劳务，购进服务、无形资产和不动产。增值税的销项和进项是相互对应的，有销项才有进项，如果购进的货物或服务不能产生对应的销项，那么这部分进项也不得抵扣。一家企业购进货物或者服务通常是用于继续生产、继续产生增值的，其对应的进项能够抵扣，而用于免征增值税项目、集体福利或者个人消费的则

改变了增值的用途，并没有产生相应的销项，故其对应的进项也不得抵扣。

例如，某网店为一般纳税人，主营电器销售，2019年1月购进了一批电器，部分用于出售，部分发给员工作为春节福利，那么发给员工作为福利的部分所对应的增值税不得进行进项抵扣。

第二类属于非正常损失，包括非正常损失的购进货物，以及相关的加工修理修配劳务和交通运输服务；非正常损失的在产品、产成品所耗用的购进货物（不包括固定资产）、加工修理修配劳务和交通运输服务；非正常损失的不动产、不动产在建工程以及该不动产、不动产在建工程所耗用的购进货物、设计服务和建筑服务。

非正常损失是指因管理不善造成货物被盗、丢失、霉烂变质，以及因违反法律法规造成货物或者不动产被依法没收、销毁、拆除的情形。这些损失是纳税人自身的原因造成的，应由纳税人自行承担，因此不得抵扣进项税额。

例如，某网店为一般纳税人，主营服装销售，2018年6月因仓库管理员保管不善而造成一批服装霉烂受损，无法正常销售。该批服装购买时，取得增值税专用发票注明金额为100万元，进项税额为16万元，由于该笔进项已经抵扣，所以要做进项税额转出处理。

第三类包括购进的贷款服务、餐饮服务、居民日常服务和娱乐服务。除贷款外，以上的其他服务主要的消费主体是个人，由于一般纳税人购买以上服务很难区分接受的对象是企业还是个人，因此，一般纳税人购进上述服务的进项税额不得抵扣。消费主体为个人的旅客运输服务原来也在不得抵扣的范围之内，但是自2019年4月1日起，购进国内旅客运输服务的进项税额允许从销项税额中抵扣。

《关于全面推开营业税改征增值税试点的通知》（财税〔2016〕36号）中附件《营业税改征增值税试点实施办法》（节选）：

第二十七条　下列项目的进项税额不得从销项税额中抵扣：

（一）用于简易计税方法计税项目、免征增值税项目、集体福利或者个人消费的购进货物、加工修理修配劳务、服务、无形资产和不动产。其中涉及的固定资产、无形资产、不动产，指仅专用于上述项目的固定资产、无形资产（不包括其他权益性无形资产）、不动产。

纳税人的交际应酬消费属于个人消费。

（二）非正常损失的购进货物，以及相关的加工修理修配劳务和交通运输服务。

（三）非正常损失的在产品、产成品所耗用的购进货物（不包括固定资产）、加工修理修配劳务和交通运输服务。

（四）非正常损失的不动产，以及该不动产所耗用的购进货物、设计服务和建筑服务。

（五）非正常损失的不动产在建工程所耗用的购进货物、设计服务和建筑服务。

纳税人新建、改建、扩建、修缮、装饰不动产，均属于不动产在建工程。

（六）购进的旅客运输服务贷款服务、餐饮服务、居民日常服务和娱乐服务。

（七）财政部和国家税务总局规定的其他情形。

《关于深化增值税改革有关政策的公告》（财政部 税务总局 海关总署公告2019年第39号）（节选）：

六、纳税人购进国内旅客运输服务，其进项税额允许从销项税额中抵扣。

（一）纳税人未取得增值税专用发票的，暂按照以下规定确定进项税额：

1. 取得增值税电子普通发票的，为发票上注明的税额；

2. 取得注明旅客身份信息的航空运输电子客票行程单的，为按照下列公式计算进项税额：

航空旅客运输进项税额=（票价+燃油附加费）÷（1+9%）×9%

3. 取得注明旅客身份信息的铁路车票的，为按照下列公式计算的进项税额：

铁路旅客运输进项税额=票面金额÷（1+9%）×9%

4. 取得注明旅客身份信息的公路、水路等其他客票的，按照下列公式计算进项税额：

公路、水路等其他旅客运输进项税额=票面金额÷（1+3%）×3%

（二）《营业税改征增值税试点实施办法》（财税〔2016〕36号印发）第二十七条第（六）项和《营业税改征增值税试点有关事项的规定》

（财税〔2016〕36号印发）第二条第（一）项第5.点中"购进的旅客运输服务、贷款服务、餐饮服务、居民日常服务和娱乐服务"修改为"购进的贷款服务、餐饮服务、居民日常服务和娱乐服务"。

2.6 给商家的建议

（1）树立正确的申报意识。免税要申报，零申报要申报，没有经营没有开票也需要按期申报。如果未按期进行纳税申报，就会被税务机关处以罚款。同时要关注长期的零负申报，避免出现风险预警提示，影响企业的纳税信用等级评定等。

（2）注意含税价和不含税价的区分。在合同签订过程中，应就销售/采购价格是否含税做出明确约定，增加过渡期条款以减少后期纠纷，这在增值税改革过程中政策频繁变动的背景下显得尤为重要。

（3）做好征收方式的选择。销售额低于500万元的商家可以在一般纳税人和小规模纳税人之间做出选择。如果无法取得专用发票，小规模纳税人的增值税税负更低。如果能够取得足够多的专用发票，选择成为一般纳税人会更加节税。对于不想成为一般纳税人的企业，控制好"年应税销售额"指标是至关重要的。

（4）注意视同销售的筹划及风险。在促销方式的选择中，以降价打折的方式进行销售会比以"买一赠一"的方式进行销售更加节税。同时，由于"营改增"后视同销售的范围扩大了，商家对于企业间无偿拆借资金的行为要予以特别关注，避免因少缴税款而产生滞纳金或罚款的风险。

（5）运用好进项加计抵减政策。这是2019年新增的税收优惠，对于符合条件的生产、生活性服务业纳税人按当期可抵扣进项税额加计10%抵减应纳税额，政策由2019年执行至2021年。服务类电商应该充分利用该项优惠以降低增值税税负。

3 企业所得税——有所得才有所得税

增值税无论企业是否盈利，产生收入就产生销项税额。相对而言，企业所得税就显得更"人性化"，它是对境内企业和其他取得收入的组织的所得征收的一种税，有所得才有所得税。简单地理解，所得就是收入减去成本费用等支出，在所得为正，即企业有盈利的情况下，才需要缴纳企业所得税。但是，企业所得税中的"所得"并不简单地等同于会计上的利润总额，它往往需要在毛利润的基础上做出一定调整，得出应纳税所得额，再以此为基数乘以企业所得税税率得出企业所得税。

值得提醒的是，合伙企业、个人独资企业虽然称为"企业"，但并不属于企业所得税纳税人。合伙企业需要根据合伙人的性质来确定缴纳的税种，如果合伙人为自然人，则缴纳个人所得税；如果合伙人为法人，则缴纳企业所得税。

为了更好地理解企业所得税，还需要掌握一些基础概念。

3.1 纳税义务人：居民企业与非居民企业

企业所得税的纳税人分为居民企业和非居民企业。居民企业是指依法在中国境内成立或者依照外国（地区）法律成立但实际管理机构在中国境内的企业。居民企业负有无限纳税义务，无论它取得的所得来源于境内还是境外，都需要缴纳企业所得税。非居民企业是指依照外国（地区）法律成立且实际管理机构不在中国境内，但在中国境内设立机构、场所的，或者在中国境内未设立机构、场所，但取得的所得来源于中国境内的企业。非居民企业负有有限纳税义务，可以简单地理解为其只需要就其来源于中国境内的所得缴纳企业所得税。也就是说，对居民企业按照属人原则征收企业所得税，对非居民企业按照属地原则征收企业所得税。

3.2 征收方式：查账征收与核定征收

这两种征收方式的区别类似于增值税上的一般征收方式和简易征收方式的区别，查账征收针对财务账册健全规范的企业，核定征收针对核算混乱的企业。规模较小的企业容易出现核算混乱的情况。

企业如果能够准确核算经营所得，能够按照税收法律法规规定设置账簿，能够准确核算收入总额和成本费用支出，能完整保存账簿、凭证及有关纳税资料，就可以采用查账征收方式。查账征收方式下，以企业的应纳税所得额乘以适用税率，减除税法规定的减免和抵免的税额后得出应纳税额。这是一般情况下的企业所得税征收方式。

对于不设置账簿的，擅自销毁账簿的，账目混乱、凭证残缺等的企业，则采用核定征收方式。核定征收一般用企业的销售收入乘以应税所得率作为应纳税所得额，再乘以税率来计算企业所得税。计算公式为：

$$应纳所得税税额=应纳税所得额×适用税率$$
$$应纳税所得额=应税收入额×应税所得率$$

例如，某电商平台2018年收入为2000万元，成本为1000万元，工资等其他费用为500万元，那么利润总额为2000-1000-500=500万元，应纳所得税税额=500×25%=125万元。

如果该企业不能准确归集成本和费用凭证，采取应税所得率核定征收方式，收入为2000万元，应税所得率为8%，则应纳税所得额=2000×8%=160万元，应纳所得税税额=160×25%=40万元。

国税发〔2008〕30号文件《企业所得税核定征收办法（试行）》第三条

纳税人具有下列情形之一的，核定征收企业所得税：

（一）依照法律、行政法规的规定可以不设置账簿的；

（二）依照法律、行政法规的规定应当设置但未设置账簿的；

（三）擅自销毁账簿或者拒不提供纳税资料的；

（四）虽设置账簿，但账目混乱或者成本资料、收入凭证、费用凭证残缺不全，难以查账的；

（五）发生纳税义务，未按照规定的期限办理纳税申报，经税务机关责令限期申报，逾期仍不申报的；

（六）申报的计税依据明显偏低，又无正当理由的。

3.3　利润总额与应纳税所得额

很多人会把会计上的利润总额与税法上的应纳税所得额等同起来，实际上它们并不是相同的概念。利润总额是指企业在生产经营过程中各种收入扣除各种支出后的盈余，反映企业的盈亏情况。应纳税所得额是企业所得税的计税基础，指的是企业每一纳税年度的收入总额，减除不征税收入、免税收入、各项扣除以及允许弥补的以前年度亏损后的余额，虽然它也与会计核算息息相关，但一般需要在利润总额的基础上做出调整。收入总额指的是企业以货币形式和非货币形式从各种来源取得的收入，包括销售货物收入，提供劳务收入，转让财产收入，股息、红利等权益性投资收入，利息收入，租金收入，特许权使用费收入，接受捐赠收入等。

应纳税所得额=收入总额-不征税收入-免税收入-各项扣除-允许弥补的以前年度亏损

应纳所得税税额=应纳税所得额×适用税率-减免税额-抵免税额

例如，某电商企业成立于2017年，2017年产生亏损30万元，即利润总额为-30万元，2018年产生盈利50万元，即利润总额为50万元。在不考虑其他因素的情况下，2018年该企业的应纳税所得额为：50-30=20万元，并不等同于当年的利润总额50万元。

3.4 纳税调增与纳税调减

税法规定与会计制度不是完全一致的，它们之间的差异称为税会差异。企业在进行日常的会计核算时，按照会计制度的规定进行账务处理，但在进行纳税申报时，需要按照税法规定计缴税款，这时就需要进行纳税调整了。某些税收上应该确认为收入而会计上并不确认为收入，税收上不确认为费用而会计上却可以确认为费用的项目，是需要在会计利润的基础上进行纳税调增的。反之，则要在会计利润的基础上进行纳税调减。

例如，在会计处理上予以减除的罚金罚款、税收滞纳金、非公益性的捐赠支出、赞助支出等，在税法上都不允许进行税前扣除，此时就需要进行纳税调增。再如不征税收入，会计上计入收入总额，税法上却规定为不征税，此时就需要纳税调减。

下面再列举几项常见的涉及纳税调整的项目，其税前扣除有一定的标准。未超过标准的按照实际发生额扣除，超过标准的只能按照标准额扣除。

职工福利费、工会经费、职工教育费：分别不超过工资薪金总额的14%、2%、8%的部分准予税前扣除。

业务招待费：按照发生额的60%扣除，但最高不得超过当年销售（营业）收入的5‰。简单来说，就是在发生额的60%和当年销售（营业）收入的5‰中，择其小者予以税前扣除，该数额与实际发生额的差额作为纳税调增的金额。

广告费和业务宣传费：不超过当年销售（营业）收入的15%的部分，准予扣除；超过部分准予在以后纳税年度结转扣除，特定行业除外。

这在电商企业中是普遍存在的一类费用，例如登记为有限责任公司的某淘宝店铺，2018年销售收入为1000万元，实际发生宣传推广费用为200万元，那么2018年度该淘宝店能够进行企业所得税税前扣除的宣传推广费为1000×15%=150万元，当年无法扣除的50万元可以结转在以后年度扣除。

公益性捐赠：在年度利润总额12%以内的部分，准予扣除；超过部分准予在三年内结转扣除。该项扣除的关键词是"公益性"，也就是说，非公益性的捐赠支出不得扣除。那么，什么是公益性捐赠呢？

一是要求"通过特定部门或组织"。通过公益性社会组织或者县级（含县级）以上人民政府及其组成部门和直属机构，用于慈善活动、公益事业的捐赠支出。公益性社会组织一般指不以营利为目的的基金会、慈善机构等，例如，人们较为熟悉的红十字会、壹基金。二是要求"有合法凭证"。捐赠支出取得了由财政部门监制的公益性捐赠票据。因此，接受捐赠的公益性社会组织应当取得公益性捐赠税前扣除资格，这样才能够给捐赠方提供符合要求的公益性捐赠票据。

例如，某企业2018年通过市民政局向受灾地区捐款150万元，取得了公益性捐赠票据，假定该企业2018年实现利润总额1000万元。2018年允许税前扣除的捐赠限额为1000×12%=120万元，实际捐赠额150万元，所以当年可在税前扣除的公益性捐赠为120万元，不得在税前扣除的捐赠额为150-120=30万元。在不考虑其他因素的情况下，当年的应纳税所得额为1000+30=1030万元，应纳所得税税额为1030×25%=257.5万元。若捐款为100万元，则全额能在税前扣除，当年的应纳税所得额为1000万元，应纳所得税税额为1000×25%=250万元。

2020年，国家出台了特殊的税收优惠，在原有公益性捐赠税前扣除政策的基础上做出了一定的突破。

3.5 不征税收入与免税收入

不征税收入与免税收入在计算应纳税所得额时应予以扣减，都不用计征所得税，所以很多人会把两者混淆起来。事实上，两者具有不同的性质，包含不同的内容。不征税收入不属于征收范围，在税法上并不视为公司收入。其对应的费用、折旧、摊销等也不视为公司支出，不得在计算应纳税所得额时扣除。免税收入本身属于应税范围，但是国家出于特殊考虑，给予了免税的优惠。其对应的费用、折旧、摊销等支出可以税前扣除。

根据《中华人民共和国企业所得税法》（简称《企业所得税法》），不征税收入包括以下内容。

- 财政拨款。
- 依法收取并纳入财政管理的行政事业性收费、政府性基金。
- 国务院规定的其他不征税收入。

根据《企业所得税法》，免税收入包括以下内容。

- 国债利息收入。
- 符合条件的居民企业之间的股息、红利等权益性投资收益。
- 在中国境内设立机构、场所的非居民企业从居民企业取得与该机构、场所有实际联系的股息、红利等权益性投资收益。
- 符合条件的非营利组织的收入。

3.6 税率：25%、20%、15%

企业所得税基本税率为25%。

符合条件的小型微利企业减按20%的税率征收企业所得税。

国家需要重点扶持的高新技术企业，减按15%的税率征收企业所得税。

3.7 给商家的建议

（1）企业设立形式的选择会较大程度地影响企业的税负。注册为公司的缴纳企业所得税，注册为个体工商户、个人独资企业的以及合伙企业的自然人合伙人，缴纳个人所得税。企业所得税和个人所得税的税率不同，征收规则不同，最终的税负也不同，所以在设立时需要予以综合考量。

（2）征收方式的选择存在一定的税筹意义。征收方式的选择主要取决于企业的利润率与应税所得率的高低。

（3）利用好小微企业的税收优惠政策。小微企业税收优惠属于普惠性优惠政策，力度大、范围广。

4 个人所得税 —— 你看得见的所得税

2017年3月，北京市朝阳区税务局指出，某直播平台2016年支付给直播人员的收入为3.9亿元，未按规定代扣代缴个人所得税，最终补缴了税款6000多万元。这则消息在当时掀起轩然大波，引发了社会对于电商征税的普遍探讨，也引发了社会对于互联网模式下个税征收的关注。

个人所得税是与每一个职场人士密切相关的一个税种，当然也包括电商相关的从业者。无论你是电商公司的股东，还是个体工商户的业主，或者是电商企业的普通员工，都会涉及个人所得税。同时，越来越多的城市将个税申报作为购房、购车、落户等的证明，个人所得税的缴纳记录也越来越重要。

个人所得税的计税规则类似于企业所得税，以个人取得的所得作为计税依据。既然是所得，也就是收入减去支出，支出中包含了基本减除费用标准、专项扣除、专项附加扣除等。2019年开始实施的经过第七次修正的《中华人民共和国个人所得税法》（简称《个人所得税法》），与《电商法》同年同月同日落地，其在税制、税率结构、减除费用标准、专项附加扣除等方面都做出了修订和变动，是我国个人所得税发展历程中具有里程碑意义的一次变革。它贯彻减税降负的总基调，对工薪阶层实行了大幅度减税。同时，修订了居民个人的判断标准，引入了反避税条款，对高收入人群加强征管，从而更好地发挥个税调节收入分配的功能。

4.1 纳税人：居民个人与非居民个人

居民个人是指在中国境内有住所，或者无住所而一个纳税年度内在中国境内居住累计满一百八十三天的个人。非居民个人是指在中国境内无住所，或者无住所而一个纳税年度内在中国境内居住累计不满一百八十三天的个人。这两个概念类似于企业所得税法中的居民企业和非居民企业，简单的理解，居民企业和居民个人都负有无限纳税义务，就境内和境外取得的所得缴纳所得税；非居民企业和非居民个人都负有有限纳税义务，只需要就从中国境内取得的所得缴纳所得税。

4.2 税制：综合与分类相结合

新修正的《个人所得税法》明确我国今后实行综合与分类相结合的个税体系，综合所得包括工资薪金所得、劳务报酬所得、稿酬所得和特许权使用费所得四项，分类所得包括经营所得、利息股息红利所得、财产租赁所得、财产转让所得和偶然所得五项。综合所得进行综合计征，统一核算收入和支出，就其总额适用统一的税率；分类所得实行分类征收，按照不同来源、性质适用相应的税率。打个比方，工资薪金、劳务报酬、稿酬和特许权使用费都属于劳动性质的所得，这四个"兄弟"志趣相投，三观一致，一起生活，收入和支出放在一起，按照统一的规则来计算个税。其他的"兄弟"则是分家生活，各自核算收入和支出，各自适用对应的税率来计算个税。

4.3 征税范围及税率

（1）综合所得。综合所得包括工资薪金所得、劳务报酬所得、稿酬所得和特许权使用费所得。其中，劳务报酬所得按80%计入应纳税所得额，稿酬所得按56%计入应纳税所得额，即我们常说的打8折与打5.6折。综合所得按年度合并计算个人所得税，适用3%至45%的七级超额累进税率。

综合所得的扣除项包含基本减除费用标准、专项扣除、专项附加扣除以及其他扣除。基本减除费用标准，即我们常说的免征额，相当于基本生活费用，由原来的3500元/月的标准提高到5000元/月的标准，即60000元/年。专项扣除，指的是"三险一金"，包括个人缴纳的养老保险、医疗保险、失业保险和住房公积金。

专项附加扣除包括子女教育、继续教育、住房贷款利息或住房租金、赡养老人、大病医疗。国家挑选了这六类家庭生活项目进行税前扣除，以起到降低缴税基数、减少个税负担的作用。这六类项目除了大病医疗是限额扣除外，其他都是定额扣除。具体扣除方式一经选择，在一个纳税年度内不能变更。

子女教育包括学前教育和学历教育。学前教育从年满3周岁的当月开始享受，至小学入学前一月。学历教育是指接受全日制学历教育的相关支出，包含境内教育和境外教育。每个子女每月定额扣除1000元，这1000元由夫妻自行确定如何分配，可以选择由一方扣除1000元，也可以选择夫妻间各扣除500元。

继续教育包括学历（学位）继续教育和职业资格继续教育。学历（学位）继续教育的支出，只针对中国境内接受学历（学位）继续教育的支出，按照每月400元定额扣除，最多只能扣4年。职业资格继续教育的支出，在取得相关证书的当年，按照3600元的标准定额扣除。

住房贷款利息指的是发生的首套住房贷款利息支出，在实际发生贷款利息的年度，按照每月1000元的标准定额扣除，扣除期限最长不超过20年。夫妻双方可以选择由其中一方扣除。既然是首套住房贷款利息，那么意味着纳税人只能享受一次住房贷款的利息扣除。

住房租金指在主要工作城市没有自有住房而发生的住房租金支出。扣除标准视城市类型而定。在直辖市、省会城市等大城市，每月能扣除1500元；在人口超百万的中型城市，每月能扣除1100元；在人口不超百万的小城市，每月能扣除800元。住房贷款利息和住房租金扣除，两项福利只能二选一，不可以一边享受住房贷款利息的扣除，一边还享受住房租金的扣除。

赡养老人按照每月2000元的标准扣除。这里的老人指的是年满60岁的父母，以及子女均已去世的年满60岁的祖父母、外祖父母。不论需要赡养几个老人，一共只能扣除2000元。如果是非独生子女，这2000元还需要在兄弟姐妹间分摊，分摊方式可以采取均摊、约定分摊或指定分摊，但是每人分摊到的扣除金额不得超过1000元。简单来说，不管家里有多少个年满60岁的老人，若是独生子女，每月扣除2000元；若是非独生子女，每人每月扣除金额不能超过1000元。

大病医疗是唯一实行限额内据实扣除的项目。这里的"大病"不是指特定的病的种类，而是按照医药费金额来确定的。具体来说，在一个纳税年度内，纳税人发生的与基本医保相关的医药费用支出，扣除医保报销后个人负担（指医保目录范围内的自付部分）累计超过15000元的就属于"大病"，其超出的金额在80000元限额内据实扣除。

大病医疗支出只能选择由本人或者配偶来扣除，未成年子女可以选择由父母一方扣除，也就是说，大病医疗支出，可以扣除自己的，也可以扣除配偶和未成年子女的，但不能扣除父母以及成年子女的。

例如，老王及15岁的儿子小王在2019年超过医保报销后的自负医药费用分别为10000元和50000元，因为老王本人发生的医药费没有超过15000元，所以不列入大病医疗扣除范围；但儿子小王发生的医药费用超过15000万元，且超出的部分35000元没有达到80000元的限额标准，所以可以在老王个人所得税税前据实扣除。

其他扣除包括符合规定的企业年金、商业健康保险、商业养老保险等支出。例如个人购买的带有税优识别码的商业健康保险允许个税税前扣除，扣除限额为每月200元，即全年2400元。

以上扣除以一个纳税年度的应纳税所得额为限，一个纳税年度里扣除不完的，不得结转以后年度扣除。所以，一个纳税人当年取得的收入不足以覆盖各项减除和扣除的，其差额部分就浪费掉了。

例如，某电商平台法务部员工，2019年每月取得基本工资12000元，7月份给其他机构提供培训服务，共取得劳务报酬16000元。每月缴纳"三险一金"1600元，从2月起享受家中独子的子女教育附加扣除1000元/月，全年享受赡养老人支出2000元/月，那么2019年该员工的应纳税所得额=12000×12+16000×0.8-60000-1600×12-1000×11-2000×12=144000+12800-60000-19200-11000-24000=42600元，根据综合所得税税率表，应纳个人所得税税额=42600×10%-2520=1740元。

（2）经营所得。经营所得包括原个税法下的个体工商户生产经营所得和企事业单位的承包承租经营所得，以及个人从事办学、医疗、咨询以及其他有偿服务活动取得的所得等。《电商法》出台后，对电子商务经营者的注册登记提出了明确要求，其中，登记为个体工商户的网店取得的就是经营所得，需要缴纳个人所得税。

经营所得类似于企业所得税上的所得，以每一纳税年度的收入总额减除成本、费用以及损失后的余额为应纳税所得额。取得经营所得的个人，没有综合所得的，计算其每一纳税年度的应纳税所得额时，应当减除费用6万元、专项扣除、专项附加扣除以及依法确定的其他扣除，其专项附加扣除在办理汇算清缴时减除。

经营所得适用5%至35%的五级超额累进税率。

例如，登记为个体工商户的某淘宝店，业主王某2019年取得经营收入350000元，发生成本费用200000元。假设王某当年没有取得综合所得，年专项扣除20000元，年专项附加扣除36000元，那么2019年经营所得应纳税所得额=350000-200000-60000-20000-36000=34000元，应纳个人所得税税额=34000×10%-1500=1900元。

（3）利息、股息、红利所得。利息、股息、红利所得是指个人因拥有债权、股权等而取得的利息、股息、红利所得。公司股东取得的分红，按照该税目来计缴个税。

利息、股息、红利所得适用20%的比例税率。

（4）财产租赁所得。财产租赁所得是指个人出租不动产、机器设备、车船以及其他财产取得的所得。支付财产租赁所得的，每次收入不超过四千元的，减除费用八百元；四千元以上的，减除百分之二十的费用，其余金额为应纳税所得额，乘以百分之二十的比例税率计算税款。

财产租赁所得适用20%的比例税率。

（5）财产转让所得。财产转让所得是指个人转让有价证券、股权、合伙企业中的财产份额、不动产、机器设备、车船以及其他财产取得的所得。支付财产转让所得的，以转让财产的收入额减除财产原值和合理费用后的余额为应纳税所得额，乘以百分之二十的比例税率计算税款。

财产转让所得适用20%的比例税率。

（6）偶然所得。偶然所得是指个人得奖、中奖、中彩以及其他偶然性质的所得。

偶然所得适用20%的比例税率。

例如，张某2019年取得公司分红80000元，取得房屋租赁收入4000元/月，取得一次性彩票收入1000元，则张某在2019年，利息、股息、红利所得应纳个人所得税税额=80000×20%=16000元，财产租赁所得应纳个人所得税税额=（4000−800）×20%×12=640×12=7680元，偶然所得应纳个人所得税税额=1000×20%=200元。

4.4　给商家和个人的建议

（1）据实进行信息填列和个税申报。个税申报是与个人诚信紧密相连的。虽然专项附加扣除由个人自行填列享受，不需要向税务机关提交材料，但是税务机关可以借助多部门的信息共享进行比对。如果被查实存在虚假信息的，则其个人信用会受到影响，甚至本人也会被处罚。

（2）注意单位申报信息与个人申报信息比对的风险。2019年新个税法实施后，工资薪金由单位日常进行预扣预缴，年终由个人自行汇算清缴。如果两者提供的数据并不一致，可能引发后续的税务风险。

（3）通过所得性质的转换进行个税筹划。我国目前采用综合与分类相结合的税制，各项所得适用不同的征收方式，根据不同的税率、税基进行计算，因此取得相同金额的所得，其性质、来源不同，承担的税负也可能不同。将报酬在各项所得间进行转换和组合以取得较好的节税效果，但是这种转换并不是任意的，需要结合经济实质做合法合规的筹划。

其他税种

消费税

消费税是针对某些特殊的消费品额外征收的税种，常见的征收消费税的消费品有摩托车、小轿车、化妆品等。首先，对于这些特殊的消费品，国家是不鼓励的，所以对它们通过多收税的方式来起到抑制消费、优化资源配置的作用；其次，这些特殊消费品属于奢侈品而非必需品，其消费者也有一定的负担能力，对他们征税可以起到调节收入分配、实现社会公平的作用。消费税一般只征收一次，在生产、委托加工和进口环节缴纳。消费税分从价征收、从量征收以及既从量又从价的复合征收三种方式。

城市维护建设税和教育费附加

城市维护建设税和教育费附加伴随着增值税、消费税的产生而产生，是国家对缴纳流转税的单位和个人以其实际缴纳的流转税税额为计税依据而征收的税种或附加费。因为它们的征收标准是附着在流转税上的，所以称为附加税。城市维护建设税是为了提升城市公用事业和加强公共设施的发展，教育费附加是为了加快地方教育事业的发展。城市维护建设税实行差别比例税率，根据纳税人所在地区位于市区、县镇或者乡村，分别适用税率7%、5%、1%。教育费附加的税率是3%，地方教育附加的税率是2%。

印花税

印花税是以经济活动和经济交往中，书立、领受应税凭证的行为为征税对象的一种税，通常买卖双方都需要缴纳。印花税的税率有比例税率和定额税率两种。较常见的如购销合同按购销金额的0.03%缴纳印花税，借款合同按借款金额的0.05%缴纳印花税。传统的印花税是到税务部门购买不同面额的印花税票（类似于邮票），贴在合同或账簿上，称为"贴花"。根据《关于印花税若干政策的通知》（财税〔2006〕162号）规定，"对纳税人以电子形式签订的各类应税凭证按规定征收印花税"，纳税人签订的电子合同也应该照常缴纳印花税。

二、案例说法

1 "彤彤屋"逃税案：首例网络交易偷税案

1.1 基本情况

1999年，张某在上海成立上海黎依市场策划有限公司（简称"黎依公司"），张某担任法定代表人。2006年，张某以黎依公司的名义在淘宝网上开了家商铺，开始在网上经营婴儿用品。在累积了一定的客户群后，张某又以自己的名义为黎依公司建了一个网站——彤彤屋。在运营"彤彤屋"的半年里，张某对通过"彤彤屋"网络销售渠道销售的商品均不开具发票，其收入也不计入公司账目，不向税务机关申报纳税。当地警方在侦查一起诈骗案的时候，发现其实为企业卖家的"彤彤屋"以个人卖家的身份在网上销售公司货物，利用个人网店税收监管漏洞偷逃税款。

经上海市普陀区税务局核定，黎依公司于2006年6月至12月，销售货物的含税销售额为289.5万元，不含税销售额为278.4万元，应缴增值税11.1万元。

上海市普陀区人民法院审理认为，被告黎依公司的行为构成偷税罪，依法应予处罚，被告人张某全面负责公司的经营管理活动，也应以偷税罪论处；对黎依公司以偷税罪判处罚金10万元，以偷税罪判处张某有期徒刑两年，缓刑两年，处罚金6万元。

1.2 解读

上例中的"彤彤屋"名为个人卖家，实为公司网店，其销售的货物无论进货、中转还是销售，各环节均由黎依公司完成，所以这些业务本质上属于公司业务，对应收入属于公司收入，黎依公司应对这些经营活动承担纳税义务。张某将本为B2C模式的网络交易，伪装成C2C个人网店模式，通过账外收入来逃避增值税和企业所得税的缴纳，逃避税务机关的监管，属于在账簿上少列收入进行虚假纳税申报的行为，构成了偷税，依法应当承担相应的行政责任和刑事责任。

近十年来，中国的电子商务、网络交易经历了高速的发展，交易金额巨大，其对应的税收不容小觑。但是由于相关制度尚不健全等，电商的税收征管存在执行不到位的情况，网络交易过程中存在偷漏税的现象。不开发票的收入就不入账，将B2C模式伪装成C2C模式，平台的返利收入不入账等，都是电商领域广泛存在的偷逃税方式。此外，还有一些个人电商对于自身的纳税义务不甚了解或存在误解，没有进行相应的纳税申报，也埋下了税收隐患。

《电商法》出台后，要求电子商务经营者依法履行纳税义务，明确了电商不是税收的法外之地。《电商法》要求电子商务经营者依法办理市场主体登记，解决了纳税主体和纳税地点的问题，为加强税收征管创造了条件。除了个人销售自产农副产品、家庭手工业产品以及个人利用自己的技能从事依法无须取得许可的便民劳务活动和零星小额交易活动外，基本上所有电商从业者和企业都要进行注册登记，从而将个人商家也切实纳入了税收的全面监管，极大地提升了对C2C商家的征管力度。

同时，《电商法》给电商平台设置了向税务部门报送交易数据的义务，要求电商平台保存交易信息的时间不得少于三年，便于税务机关全面掌握电商的交易信息和纳税信息；并且还规定了电商平台违反义务所要承担的法律后果，如果未按规定向税务部门报送纳税信息的，或者不履行交易信息保存义务的，电商平台可能被责令停业整顿，最高可处以50万元的罚款。在这样的规定下，电商交易信息比实体交易的信息更易为税务部门所掌握，所有的交易数据在平台后台一览无余。可以想见，电商领域的征管效率必将大大提升，通过网络交易进行偷逃税的成本和风险都大大增加了。

《电商法》第十一条　电子商务经营者应当依法履行纳税义务，并依法享受税收优惠。

依照前条规定不需要办理市场主体登记的电子商务经营者在首次纳税义务发生后，应当依照税收征收管理法律、行政法规的规定申请办理税务登记，并如实申报纳税。

第二十八条　电子商务平台经营者应当按照规定向市场监督管理部门报送平台内经营者的身份信息，提示未办理市场主体登记的经营者依法办理登记，并配合市场监督管理部门，针对电子商务的特点，为应当办理市场主体登记的经营者办理登记提供便利。

电子商务平台经营者应当依照税收征收管理法律、行政法规的规定，向税务部门报送平台内经营者的身份信息和与纳税有关的信息，并应当提示依照本法第十条规定不需要办理市场主体登记的电子商务经营者依照本法第十一条第二款的规定办理税务登记。

第三十一条　电子商务平台经营者应当记录、保存平台上发布的商品和服务信息、交易信息，并确保信息的完整性、保密性、可用性。商品和服务信息、交易信息保存时间自交易完成之日起不少于三年；法律、行政法规另有规定的，依照其规定。

第八十条　电子商务平台经营者有下列行为之一的，由有关主管部门责令限期改正；逾期不改正的，处二万元以上十万元以下的罚款；情节严重的，责令停业整顿，并处十万元以上五十万元以下的罚款：

（一）不履行本法第二十七条规定的核验、登记义务的；

（二）不按照本法第二十八条规定向市场监督管理部门、税务部门报送有关信息的；

（三）不按照本法第二十九条规定对违法情形采取必要的处置措施，或者未向有关主管部门报告的；

（四）不履行本法第三十一条规定的商品和服务信息、交易信息保存义务的。

法律、行政法规对前款规定的违法行为的处罚另有规定的，依照其规定。

1.3　行政责任

偷税是征管法上一个非常重要的概念，也是被普遍提及的一个说法。即使不用官方定义，普通民众也能明白偷税的基本含义，即采用欺骗、隐瞒等手段来达到不交税、少交税的目的，造成国家税款的损失。例如，做假账，该计的收入不计，不该计的成本却计了；内外两套账，内账反映真实的购销情况，外账不开发票就不计入收入；"阴阳合同"，一份"阴合同"体现的是真实的交易金额，一份"阳合同"少计交易金额，从而达到少缴税款的目的。

《中华人民共和国税收征收管理法》（简称《税收征管法》）关于偷税的定义中列举了三大类手段，分别是纳税人伪造、变造、隐匿、擅自销毁账簿、记账凭证；在账簿上多列支出或者不列、少列收入；经税务机关通知申报而拒不申报或者进行虚假的纳税申报，造成了不缴或者少缴应纳税款的后果。采取的行政处罚措施除了追缴税款和滞纳金外，并处不缴或少缴税款的0.5倍至5倍的罚款。

第六十三条　纳税人伪造、变造、隐匿、擅自销毁账簿、记账凭证，或者在账簿上多列支出或者不列、少列收入，或者经税务机关通知申报而拒不申报或者进行虚假的纳税申报，不缴或者少缴应纳税款的，是偷税。对纳税人偷税的，由税务机关追缴其不缴或者少缴的税款、滞纳金，并处不缴或者少缴的税款百分之五十以上五倍以下的罚款；构成犯罪的，依法追究刑事责任。

扣缴义务人采取前款所列手段，不缴或者少缴已扣、已收税款，由税务机关追缴其不缴或者少缴的税款、滞纳金，并处不缴或者少缴的税款百分之五十以上五倍以下的罚款；构成犯罪的，依法追究刑事责任。

第六十八条　纳税人、扣缴义务人在规定期限内不缴或者少缴应纳或者应解缴的税款，经税务机关责令限期缴纳；逾期仍未缴纳的，税务机关除依照本法第四十条的规定采取强制执行措施追缴其不缴或者少缴的税款外，可以处不缴或者少缴的税款百分之五十以上五倍以下的罚款。

1.4　刑事责任

上例的"彤彤屋"案件发生在2006年，当时的《中华人民共和国刑法》（简称《刑法》）将该行为定为"偷税罪"。但自2009年《中华人民共和国刑法修正案（七）》（简称《刑法修正案（七）》）施行以来，我国已经删除了"偷税罪"，代之以"逃税罪"，名称虽然不同，但基本内涵是相同的。逃税罪最高量刑可达7年有期徒刑，同时逃税罪还设置了缓冲条款，只要补缴了税款、滞纳金、罚款的，即受过行政处罚的，不予追究刑事责任。这说明逃税罪的立法理念从惩罚犯罪向保障税收倾斜，通过该缓冲条款的设置促使逃税行为人更有动力补缴税款。

但这不代表犯了逃税罪补缴就可以免除法律责任，如果5年内已经因为偷逃税受过刑事处罚的，或者5年内因为偷逃税受过2次以上行政处罚的，那么即使补缴了税款、滞纳金和罚款，也要接受刑法的制裁。这就是通常所说的首犯免（刑）责，即首次刑责豁免，不论偷逃税款的数额，只走行政处罚程序，不走刑事责任程序。

《刑法》第二百零一条　逃税罪　纳税人采取欺骗、隐瞒手段进行虚假纳税申报或者不申报，逃避缴纳税款数额较大并且占应纳税额百分之十以上的，处三年以下有期徒刑或者拘役，并处罚金；数额巨大并且占应纳税额百分之三十以上的，处三年以上七年以下有期徒刑，并处罚金。扣缴义务人采取前款所列手段，不缴或者少缴已扣、已收税款，数额较大的，依照前款的规定处罚。对多次实施前两款行为，未经处理的，按照累计数额计算。有第一款行为，经税务机关依法下达追缴通知后，补缴应纳税款，缴纳滞纳金，已受行政处罚的，不予追究刑事责任；但是，五年内因逃避缴纳税款受过刑事处罚或者被税务机关给予二次以上行政处罚的除外。

2　电商平台虚开发票案：虚开增值税专用发票罪

2.1　基本情况

2013年，上海市嘉定区税务部门在进行一起发票协查时，发现有些涉案发票来自辖区内一家大型B2C购物商城——J商城。通过检查，排除了J商城恶意虚开的嫌疑，但是发现该商城的平台交易中存在很多疑点，推测不法分子可能利用电商管理制度的缺失，套取、虚开增值税专用发票。于是，稽查部门对电商平台受票企业开展专项检查。

检查人员抽取了53家大型B2C企业的涉税资料，整理分析后发现，某些企业增值税专用发票开票金额异常。B2C网站主要面对个人消费者，开具增值税专用发票的金额不会很高，但是，有11家企业的开票金额超过预警值，其中就包括J商城。

针对B2C企业的特点，检查人员采取各种手段，锁定了涉税疑点突出的10家受票单位，最终确认这些企业均虚收来自J商城的增值税专用发票。随后，嘉定区税务稽查部门瞄准了本区开票最高的B2C电商——X网，开展第二轮检查，也发现了同样的问题。对此，嘉定区税务稽查部门及时将有关情况报告上级部门，并采集上海市范围内J商城疑点受票企业的相关情况，在全市范围内开展J商城受票单位的检查。

顺着这起电商平台虚开增值税专用发票案，最终查实42家恶意受票企业，追缴税款及附加，加收滞纳金、处罚等共计3000多万元。

2.2 解读

虚开发票，指不如实开具发票的一种舞弊行为，其最终目的是获得不纳税或者少纳税的不正当利益。它扰乱正常的发票管理秩序，造成国家税款流失，破坏市场公平，是近几年税务部门稽查工作的重点。日常生活工作中，虚开发票的行为并不少见，例如，公司为了给员工少缴个税，由财务部门或者员工个人提供各类发票作为成本入账；从A企业购买了一批货物，却从B企业取得发票入账等。

虚开发票包括虚开增值税普通发票和虚开增值税专用发票。虚开增值税普通发票，目的是虚列成本，少缴纳企业所得税。而增值税专用发票，不但能作为企业所得税税前扣除的成本凭证，还能够在增值税链条上进行增值税税款抵扣，所以国家对于增值税专用发票的监管是十分严格的，对于虚开增值税专用发票的处罚也是十分严厉的。

虚开发票是企业财税风险的"高压线"。在大数据监控时代，更要牢记不虚开不虚受发票，提高防范意识，远离"票贩子"。在企业日常业务经营中，除了财务人员外，法务人员、采购人员也要在签订合同时注意发票条款的约定，在收到发票时仔细核对发票内容，尽量做到"三流一致"甚至"四流一致"，并且在交易结束后留存合同协议、单据凭证等能证明交易真实性的相关材料备查，这是对企业自身的一种保护。

2.3 行政责任

《税收征管法》中构成虚开发票的行为包括为他人、为自己开具与实际经营业务情况不符的发票；让他人为自己开具与实际经营业务情况不符的发票；介绍他人开具与实际经营业务情况不符的发票。所以，只要开具的发票内容与实际业务不符的，就可能构成虚开发票，无论是一项内容不符还是几项内容不符；无论是为他人开具，还是让他人为自己开具。发票内容包括销货方、购货方、品名、金额、数量等。例如，出售食品，发票上开的是服装；出售200元的服装，发票上开的是300元；货物卖给A公司，发票却开给B公司等。企业如果取得虚开的发票，不单面临不能抵扣进项税额的风险，而且还要被处以最高50万元的罚款。构成犯罪的，相关人员还要依法被追究刑事责任。

税务部门强调"三流一致"或"四流一致"。"三流一致"是指货物流、发票流、资金流相统一，"四流一致"则还包含了合同流的统一。"三流一致"在实务中存在较多争议，但是为了规避涉嫌虚开的风险，企业要尽量避免不一致的情况出现。

《中华人民共和国增值税暂行条例》第九条　纳税人购进货物、劳务、服务、无形资产、不动产，取得的增值税扣税凭证不符合法律、行政法规或者国务院税务主管部门有关规定的，其进项税额不得从销项税额中抵扣。

《中华人民共和国发票管理办法》第二十二条　开具发票应当按照规定的时限、顺序、栏目，全部联次一次性如实开具，并加盖发票专用章。

任何单位和个人不得有下列虚开发票行为：

（一）为他人、为自己开具与实际经营业务情况不符的发票；

（二）让他人为自己开具与实际经营业务情况不符的发票；

（三）介绍他人开具与实际经营业务情况不符的发票。

第三十七条　违反本办法第二十二条第二款的规定虚开发票的，由税务机关没收违法所得；虚开金额在1万元以下的，可以并处5万元以下的罚款；虚开金额超过1万元的，并处5万元以上50万元以下的罚款；构成犯罪的，依法追究刑事责任。

非法代开发票的，依照前款规定处罚。

2.4　刑事责任

虚开发票是我国《刑法》明文规定的犯罪行为，是国家严厉打击的对象。虚开增值税专用发票的，构成虚开增值税专用发票罪。其量刑标准几经调整，最高罪刑可达无期徒刑。根据《最高人民法院关于虚开增值税专用发票定罪量刑标准有关问题的通知》（法〔2018〕226号），虚开增值税专用发票税款数额在5万元以上50万元以下的，处三年以下有期徒刑或拘役；税款数额较大的，即在50万元以上250万元以下的，处三年以上十年以下有期徒刑；税款数额巨大的，即在250万元以上的，处十年以上有期徒刑或者无期徒刑。

虚开增值税普通发票的，可构成虚开发票罪。其立案标准比虚开增值税专用发票的金额高，虚开金额累计40万元以上或者虚开发票100份以上的，应予立案追诉；其后果比虚开增值税专用发票轻，最高刑期为7年。

《刑法》第二百零五条 虚开增值税专用发票、用于骗取出口退税、抵扣税款发票罪 虚开增值税专用发票或者虚开用于骗取出口退税、抵扣税款的其他发票的，处三年以下有期徒刑或者拘役，并处二万元以上二十万元以下罚金；虚开的税款数额较大或者有其他严重情节的，处三年以上十年以下有期徒刑，并处五万元以上五十万元以下罚金；虚开的税款数额巨大或者有其他特别严重情节的，处十年以上有期徒刑或者无期徒刑，并处五万元以上五十万元以下罚金或者没收财产。

单位犯本条规定之罪的，对单位判处罚金，并对其直接负责的主管人员和其他直接责任人员，处三年以下有期徒刑或者拘役；虚开的税款数额较大或者有其他严重情节的，处三年以上十年以下有期徒刑；虚开的税款数额巨大或者有其他特别严重情节的，处十年以上有期徒刑或者无期徒刑。

虚开增值税专用发票或者虚开用于骗取出口退税、抵扣税款的其他发票，是指有为他人虚开、为自己虚开、让他人为自己虚开、介绍他人虚开行为之一的。

第二百零五条之一 虚开发票罪 虚开本法第二百零五条规定以外的其他发票，情节严重的，处二年以下有期徒刑、拘役或者管制，并处罚金；情节特别严重的，处二年以上七年以下有期徒刑，并处罚金。

单位犯前款罪的，对单位判处罚金，并对其直接负责的主管人员和其他直接责任人员，依照前款的规定处罚。

3 某经纪人隐匿、故意销毁会计凭证、会计账簿案：隐匿、故意销毁会计凭证、会计账簿、财务会计报告罪

3.1 基本情况

2018年广受关注的税收事件一定少不了某艺人的"阴阳合同"事件，除

了某艺人偷逃税补缴了税款、滞纳金和罚款外，其经纪人牟某某因为在税务机关对公司展开调查期间，指使相关单位员工隐匿、故意销毁涉案公司会计凭证、会计账簿，阻挠税务机关依法调查，涉嫌犯罪，被公安机关依法采取强制措施。

3.2 解读

会计资料是记载企业财务活动的重要凭证，反映了企业的经济业务活动情况，是国家据以征税的重要依据。这些资料一般都由会计保管及处理，所以除了公司负责人外，公司的财务人员也是容易触犯该罪刑的群体。该罪刑的发生概率比较高，涉案人员往往为了逃避、对抗监督管理部门检查，而隐匿、故意销毁会计凭证、会计账簿、财务会计报告等。这些行为违反了国家会计管理制度，破坏了市场经济秩序，涉及金额在50万元以上就要被立案追诉。

随着近年来信息技术的高速发展，会计电算化水平越来越高，记账方式也从手工记账向电子记账转变。在这样的情况下，需要依法保存的会计资料不仅包括纸质资料，还包括电子资料。会计资料按保存期限要求，分为永久保存资料和定期保存资料两类，其定期保存期限分别是10年和30年。

为了规避该风险，企业应当建立健全完善的财务管理制度，设置专人保管相关材料，根据《会计档案管理办法》规定的保管年限妥善保管会计凭证、会计账簿、财务报告等资料。如果出现因不可抗力等原因导致的资料毁损，必须做好情况说明，辅以相关佐证。

3.3 行政责任

无论是《中华人民共和国会计法》（简称《会计法》）还是《税收征管法》，对于保管会计资料都做出了一定规定，要求不得隐匿、擅自毁损或故意销毁账簿、凭证等会计资料。

根据《会计法》规定，隐匿或者故意销毁依法应当保存的会计凭证、会计账簿、财务会计报告的单位，尚不构成犯罪的，由县级以上人民政府财政部门予以通报，可以对单位并处五千元以上十万元以下的罚款；对其直接负责的主管人员和其他直接责任人员，可以处三千元以上五万元以下的罚款；其中的会计人员，五年内不得从事会计工作。若因隐匿、销毁账簿凭证的行为被依法追究刑事责任的，则不得再从事会计工作。

根据《税收征管法》的规定，未按照规定设置、保管账簿或者保管记账凭证和有关资料的，由税务机关责令限期改正，可以处二千元以下的罚款；情节严重的，处二千元以上一万元以下的罚款。通过隐匿、擅自销毁账簿、记账凭证的行为，不缴或者少缴应纳税款的，则构成偷税。

《会计法》第二十三条　各单位对会计凭证、会计账簿、财务会计报告和其他会计资料应当建立档案，妥善保管。会计档案的保管期限和销毁办法，由国务院财政部门会同有关部门制定。

第四十条　因有提供虚假财务会计报告，做假账，隐匿或者故意销毁会计凭证、会计账簿、财务会计报告，贪污，挪用公款，职务侵占等与会计职务有关的违法行为被依法追究刑事责任的人员，不得再从事会计工作。

第四十四条　隐匿或者故意销毁依法应当保存的会计凭证、会计账簿、财务会计报告，构成犯罪的，依法追究刑事责任。有前款行为，尚不构成犯罪的，由县级以上人民政府财政部门予以通报，可以对单位并处五千元以上十万元以下的罚款；对其直接负责的主管人员和其他直接责任人员，可以处三千元以上五万元以下的罚款；属于国家工作人员的，还应当由其所在单位或者有关单位依法给予撤职直至开除的行政处分；其中的会计人员，五年内不得从事会计工作。

第四十五条　授意、指使、强令会计机构、会计人员及其他人员伪造、变造会计凭证、会计账簿，编制虚假财务会计报告或者隐匿、故意销毁依法应当保存的会计凭证、会计账簿、财务会计报告，构成犯罪的，依法追究刑事责任；尚不构成犯罪的，可以处五千元以上五万元以下的罚款；属于国家工作人员的，还应当由其所在单位或者有关单位依法给予降级、撤职、开除的行政处分。

《税收征管法》第十九条　纳税人、扣缴义务人按照有关法律、行政法规和国务院财政、税务主管部门的规定设置账簿，根据合法、有效凭证记账，进行核算。

第二十四条　从事生产、经营的纳税人、扣缴义务人必须按照国务院财政、税务主管部门规定的保管期限保管账簿、记账凭证、完税凭证及其他有关资料。

账簿、记账凭证、完税凭证及其他有关资料不得伪造、变造或者擅自损毁。

第六十条　纳税人有下列行为之一的，由税务机关责令限期改正，可以处二千元以下的罚款；情节严重的，处二千元以上一万元以下的罚款：

（一）未按照规定的期限申报办理税务登记、变更或者注销登记的；

（二）未按照规定设置、保管账簿或者保管记账凭证和有关资料的；

（三）未按照规定将财务、会计制度或者财务、会计处理办法和会计核算软件报送税务机关备查的；

（四）未按照规定将其全部银行账号向税务机关报告的；

（五）未按照规定安装、使用税控装置，或者损毁或者擅自改动税控装置的。

纳税人不办理税务登记的，由税务机关责令限期改正；逾期不改正的，经税务机关提请，由工商行政管理机关吊销其营业执照。

纳税人未按照规定使用税务登记证件，或者转借、涂改、损毁、买卖、伪造税务登记证件的，处二千元以上一万元以下的罚款；情节严重的，处一万元以上五万元以下的罚款。

第六十一条　扣缴义务人未按照规定设置、保管代扣代缴、代收代缴税款账簿或者保管代扣代缴、代收代缴税款记账凭证及有关资料的，由税务机关责令限期改正，可以处二千元以下的罚款；情节严重的，处二千元以上五千元以下的罚款。

3.4　刑事责任

隐匿或者故意销毁依法应当保存的会计凭证、会计账簿、财务会计报告，情节严重的，应予立案追诉。情节严重指的是，涉及金额在50万元及以上和为了逃避查处而隐匿、销毁或者拒不交出会计资料，也就是说，对于后者，不论金额多少，都可能被追诉。触犯该罪的，最高刑可被处以5年有期徒刑，罚金最高可达20万元。

《刑法》第一百六十二条之一　隐匿、故意销毁会计凭证、会计账簿、财务会计报告罪　隐匿或者故意销毁依法应当保存的会计凭证、会计账簿、财务会计报告，情节严重的，处五年以下有期徒刑或者拘役，并处或者单处二万元以上二十万元以下罚金。单位犯前款罪的，对单位判处罚金，并对其直接负责的主管人员和其他直接责任人员，依照前款的规定处罚。

《最高人民检察院、公安部关于公安机关管辖的刑事案件立案追诉标准的规定（二）》第八条 [隐匿、故意销毁会计凭证、会计账簿、财务会计报告案（刑法第一百六十二条之一）]隐匿或者故意销毁依法应当保存的会计凭证、会计账簿、财务会计报告，涉嫌下列情形之一的，应予立案追诉：

（一）隐匿、故意销毁的会计凭证、会计账簿、财务会计报告涉及金额在五十万元以上的；

（二）依法应当向司法机关、行政机关、有关主管部门等提供而隐匿、故意销毁或者拒不交出会计凭证、会计账簿、财务会计报告的；

（三）其他情节严重的情形。

4 广州志都公司走私普通货物罪：跨境电商走私犯罪第一案

4.1 基本情况

2015年年初，李某某指使广州志都供应链管理有限公司（简称"志都公司"）的经理冯某某、业务主管江某某、兼职人员刘某某利用志都公司从事的跨境贸易电子商务业务，对外承揽一般贸易的进口货物，再以跨境电商贸易形式伪报为个人海外购进商品，逃避缴纳或少缴税款；同时，李某某指使程某某为广州普云软件科技有限公司申请跨境贸易电子商务业务海关备案，开发正路货网，用于帮助志都公司制作虚假订单等跨境贸易资料。

2015年9月至11月，志都公司及冯某某等人利用上述方式走私进口货物共19085票，偷逃税款共计2070384.36元。

2018年4月，广州市中级人民法院宣判广州志都供应链管理有限公司、冯某某等走私普通货物、物品罪一案，涉案人员均被判处有期徒刑以上刑罚和不等罚金，没收志都公司违法所得及处以罚金计300余万元。

4.2 解读

以上是跨境电商走私犯罪第一案。类似案件还有《电商法》出台后不久的"淘宝店主因代购被判10年"事件。2018年11月，某淘宝店在首页贴出了一封手写道歉信，信中写道："各位亲，原谅我的不辞而别，我现在广州女子监狱，因为这个店铺做进口代购被判处有期徒刑十年，并处罚金550

万元。如有任何未尽的退款事宜，请联系我丈夫，他会全权负责。"这封道歉信的截图被放到网上后，一时掀起轩然大波，网友纷纷质疑："不过是代购，为什么逃税几亿元的某艺人可以安然无恙，而逃税300多万元的代购却要身陷囹圄？"

事情的经过是这样的：该淘宝店店主游燕自2013年始，通过快递邮寄、水客偷带、自行携带等方式带货入境，在开设的网店"TSHOW进口女装店"上销售。2017年3月，游燕在入境时被抓捕，同年4月，以"涉嫌走私普通货物、物品罪"被逮捕。经统计，游燕走私进境的服饰金额共计1140多万元。经核定，上述服饰偷逃税款共计300多万元。广东省珠海市中级人民法院一审判决游燕走私普通货物罪，判处有期徒刑十年，并处罚金550万元。同年7月，广东省高级人民法院二审维持原判。

可以看到，本案游燕的行为不单是偷逃税款，更涉及走私，所以被判处走私普通货物罪。走私罪是与偷逃税款紧密相连的一个罪，虽然都造成国家税款流失，却是不同的罪名。《刑法》对走私罪的处罚比逃税罪更加严重，也没有给走私罪设置行政处罚的前置程序。从征收主体来看，逃税罪的征收机关是税务部门，而走私罪中关税的征收主体是海关；从侵犯客体来看，逃税罪侵犯的是国家税收征收管理秩序，走私罪除了侵犯国家税收征收管理秩序外，还侵犯了国家对外贸易管理秩序。明白了以上区别，就比较好理解游燕案件的处理结果了。

4.3 刑事责任

根据最高院的司法解释，走私普通货物、物品，偷逃应缴税额在250万元以上的，应当认定为"偷逃应缴税额特别巨大"。游燕逃税300多万元，属于数额特别巨大的，应在有期徒刑十年以上量刑，并处偷逃应缴税额一倍以上五倍以下罚金或没收财产。

《电商法》第七十一条　国家促进跨境电子商务发展，建立健全适应跨境电子商务特点的海关、税收、进出境检验检疫、支付结算等管理制度，提高跨境电子商务各环节便利化水平，支持跨境电子商务平台经营者等为跨境电子商务提供仓储物流、报关、报检等服务。

国家支持小型微型企业从事跨境电子商务。

第七十二条　国家进出口管理部门应当推进跨境电子商务海关申报、纳税、检验检疫等环节的综合服务和监管体系建设，优化监管流程，推动实现信息共享、监管互认、执法互助，提高跨境电子商务服务和监管效率。跨境电子商务经营者可以凭电子单证向国家进出口管理部门办理有关手续。

《刑法》第一百五十三条　走私普通货物、物品罪　走私本法第一百五十一条、第一百五十二条、第三百四十七条规定以外的货物、物品的，根据情节轻重，分别依照下列规定处罚：（一）走私货物、物品偷逃应缴税额较大或者一年内曾因走私被给予二次行政处罚后又走私的，处三年以下有期徒刑或者拘役，并处偷逃应缴税额一倍以上五倍以下罚金。（二）走私货物、物品偷逃应缴税额巨大或者有其他严重情节的，处三年以上十年以下有期徒刑，并处偷逃应缴税额一倍以上五倍以下罚金。（三）走私货物、物品偷逃应缴税额特别巨大或者有其他特别严重情节的，处十年以上有期徒刑或者无期徒刑，并处偷逃应缴税额一倍以上五倍以下罚金或者没收财产。单位犯前款罪的，对单位判处罚金，并对其直接负责的主管人员和其他直接责任人员，处三年以下有期徒刑或者拘役；情节严重的，处三年以上十年以下有期徒刑；情节特别严重的，处十年以上有期徒刑。对多次走私未经处理的，按照累计走私货物、物品的偷逃应缴税额处罚。

《最高人民法院、最高人民检察院关于办理走私刑事案件适用法律若干问题的解释》第十六条　走私普通货物、物品，偷逃应缴税额在十万元以上不满五十万元的，应当认定为刑法第一百五十三条第一款规定的"偷逃应缴税额较大"；偷逃应缴税额在五十万元以上不满二百五十万元的，应当认定为"偷逃应缴税额巨大"；偷逃应缴税额在二百五十万元以上的，应当认定为"偷逃应缴税额特别巨大"。

走私普通货物、物品，具有下列情形之一，偷逃应缴税额在三十万元以上不满五十万元的，应当认定为刑法第一百五十三条第一款规定的"其他严重情节"；偷逃应缴税额在一百五十万元以上不满二百五十万元的，应当认定为"其他特别严重情节"：

（一）犯罪集团的首要分子；

（二）使用特种车辆从事走私活动的；

（三）为实施走私犯罪，向国家机关工作人员行贿的；

（四）教唆、利用未成年人、孕妇等特殊人群走私的；

（五）聚众阻挠缉私的。

三、电商常见税收优惠

我国并没有出台专门针对电商的税收优惠政策，只要符合相关条件，电商从业者同样可以与线下商家平等地享受税收优惠，这一点在《电商法》中也有明确规定。电商中存在一定比例的小规模纳税人及小微企业，能够较多地享受到增值税的免税政策及小微企业所得税优惠政策；电商中也有不少从事科研、技术的企业，能够享受到高新企业、技术研发等相关的税收优惠。

《电商法》第十一条　电子商务经营者应当依法履行纳税义务，并依法享受税收优惠。

1 小规模纳税人增值税起征点

2019年年初，国家税务总局出台政策，提高了增值税小规模纳税人的免税标准，由原来的月销售额3万元（季销售额9万元）提高到10万元（季销售额30万元）。这意味着小规模纳税人只要月销售额不超过10万元或者季销售额不超过30万元，就无须缴纳增值税，也无须缴纳因增值税而产生的城市维护建设税和教育费附加。此处的免征，是起征点的概念，在起征点标准以下的，全部不用纳税；而在起征点标准以上的，全额纳税。例如，某网店作为小规模纳税人，若3月份的销售额为8万元，那么这个月无须缴纳增值税；若3月份的销售额为12万元，那么这个月需要就12万元的收入全额纳税，而非仅就差额的2（12-10）万元收入纳税。

此处小规模纳税人还可以根据自身情况，选择按月纳税或者按季纳税。因为存在月销售额超过10万元而季销售额不超过30万元的情况，所以按月纳税或者按季纳税的选择也有了税收筹划的意义。例如，某小规模纳税人2019年1—3月的销售额分别为8万元、12万元、10万元，如果选择按月纳税，那么2月份的12万元收入需要全额缴纳增值税；如果选择按季纳税，那么该季度的总收入为30万元，全部不用缴纳增值税。

《关于实施小微企业普惠性税收减免政策的通知》（财税〔2019〕13号）（节选）

一、对月销售额10万元以下（含本数）的增值税小规模纳税人，免征增值税。

《关于小规模纳税人免征增值税政策有关征管问题的公告》（国家税务总局公告2019年第4号）（节选）

一、小规模纳税人发生增值税应税销售行为，合计月销售额未超过10万元（以1个季度为1个纳税期的，季度销售额未超过30万元，下同）的，免征增值税。

小规模纳税人发生增值税应税销售行为，合计月销售额超过10万元，但扣除本期发生的销售不动产的销售额后未超过10万元的，其销售货物、劳务、服务、无形资产取得的销售额免征增值税。

2　小型微利企业所得税优惠

近年来，我国大力推行小型微利企业的优惠政策，对于小型微利企业的标准也一调再调，不断放宽条件，增加覆盖面。对年度应纳税所得额不超过100万元的部分，减按25%计入应纳税所得额，再按照20%的税率计算所得税，实际就是按照5%的税率缴纳所得税；对年度应纳税所得额在100万元至300万元的部分，减按50%计入应纳税所得额，再按照20%的税率计算所得税，实际就是按照10%的税率缴纳所得税。对比于正常25%的企业所得税税率，相当于对应纳税所得额在100万元以内的部分打了2折，对应纳税所得额在100万元至300万元的部分打了4折。

虽然我们经常把小型微利企业简称为小微企业，但是两者还是存在区别的。小微企业是一个日常称呼，指的是小型企业和微型企业，相对于大中型企业而言。小型微利企业则是企业所得税上的概念，指的是符合税法规定条件的特定企业，具有"小型"且"微利"的特点。其判定的指标包括企业从业人员的人数、营业收入、资产总额。"小型"体现在从业人数不超过300人，资产总额不超过5000万元；"微利"体现在年应纳税所得额不超过300万元。

例如，某电商企业符合小型微利企业的标准，2019年应纳税所得额为180万元，那么对于其中100万元的部分，需要缴纳企业所得税税额为$100 \times 25\% \times 20\% = 5$万元；对于100万元到180万元的部分，即80万元，需要缴纳企业所得税税额为$80 \times 50\% \times 20\% = 8$万元。2019年应缴纳企业所得税税额为5+8=13万元。

《关于实施小微企业普惠性税收减免政策的通知》（财税〔2019〕13号）（节选）

二、对小型微利企业年应纳税所得额不超过100万元的部分，减按25%计入应纳税所得额，按20%的税率缴纳企业所得税；对年应纳税所得额超过100万元但不超过300万元的部分，减按50%计入应纳税所得额，按20%的税率缴纳企业所得税。

上述小型微利企业是指从事国家非限制和禁止行业，且同时符合年度应纳税所得额不超过300万元、从业人数不超过300人、资产总额不超过5000万元等三个条件的企业。

3 高新技术企业优惠税率

国家为了鼓励技术创新，扶持高新技术企业发展，对于符合条件的高新技术企业，减按15%的税率征收企业所得税。此处的高新技术企业必须拥有核心知识产权，产品属于《国家重点支持的高新技术领域》规定范围，研发费用比例、高新技术产品收入比例、科技人员比例都需要达到规定的要求。这些条件设置，体现了国家的政策导向，有利于企业引进人才，有利于高新技术行业的升级发展。

《企业所得税法》第二十八条　符合条件的小型微利企业，减按20%的税率征收企业所得税。国家需要重点扶持的高新技术企业，减按15%的税率征收企业所得税。

4 研发费用加计扣除

在财政部发布的《2018年会计信息质量检查公告》中，点名批评了几家互联网企业，包括小米公司存在未视同销售的问题、苏宁易购存在研发费用加计扣除重复申报的问题等。视同销售在"增值税"部分已经做了解析，这一节我们来介绍研发费用加计扣除的内容。

首先，什么是加计扣除？加计扣除是企业所得税的一种税基式优惠方式，一般是指在税法规定的实际发生支出数额的基础上，再加成一定比例，作为计算应纳税所得额时的扣除数额。它能够起到直接降低应纳税所得额从而降低所得税的作用。简单来说，实际发生了100元的成本，税前可以扣除100元，但是国家给了特殊优惠，允许再按照一定比例加成扣除，例如50%，那么税前可以扣除的就是150元了。

其次，什么是研发费用加计扣除？研发费用加计扣除指的是对企业开发新技术、新产品、新工艺所产生的研究开发费用适用一定加成比例计入所得税税前扣除。该加计比例也经历了政策演变，基本政策是按照50%进行加计扣除的，但目前加计扣除比例提高到75%，现行政策执行至2020年12月31日。

最后，如何进行研发费用加计扣除？按照现行政策，研发费用形成费用的，在据实扣除的基础上，再按照实际发生额的75%计入当期损益；研发费用形成无形资产的，无形资产的成本计为实际发生额的175%，然后以此为基础进行摊销，相当于增加了每年的税前扣除金额。

例如，某电商平台2018年度收入为300万元，成本费用为150万元，其中符合条件的研发费用为50万元，不考虑其他优惠事项，当年利润为300-150=150万元，本来应纳企业所得税税额为150×25%=37.5万元；但是在适用加计扣除政策后，应纳税所得额为300-150-50×75%=112.5万元，应纳企业所得税税额为112.5×25%=28.125万元。

值得提醒的是，研发费用加计扣除政策与高新技术企业的优惠互不干扰。一家企业虽然没有申请"高新"，但如果符合研发费用加计扣除条件，也可以享受加计扣除。一家企业如果被认定为高新技术企业，同时也符合研发费用加计扣除条件，则可以叠加享受。

《企业所得税法》第三十条 企业的下列支出，可以在计算应纳税所得额时加计扣除：（一）开发新技术、新产品、新工艺发生的研究开发费用；（二）安置残疾人员及国家鼓励安置的其他就业人员所支付的工资。

《中华人民共和国企业所得税法实施条例》第九十五条 企业所得税法

第三十条第（一）项所称研究开发费用的加计扣除，是指企业为开发新技术、新产品、新工艺发生的研究开发费用，未形成无形资产计入当期损益的，在按照规定据实扣除的基础上，按照研究开发费用的50%加计扣除；形成无形资产的，按照无形资产成本的150%摊销。

《关于提高研究开发费用税前加计扣除比例的通知》（财税〔2018〕99号）（节选）

一、企业开展研发活动中实际发生的研发费用，未形成无形资产计入当期损益的，在按规定据实扣除的基础上，在2018年1月1日至2020年12月31日期间，再按照实际发生额的75%在税前加计扣除；形成无形资产的，在上述期间按照无形资产成本的175%在税前摊销。

5 软件企业企业所得税"两免三减半"

符合条件的软件企业，从获利年度起，第一年至第二年免征企业所得税，第三年至第五年按照25%的法定税率减半征收企业所得税。国家规划布局内的重点软件企业，如当年未享受免税优惠的，可减按10%的税率征收企业所得税。软件企业的优惠针对居民企业，要求拥有核心关键技术、自主知识产权、相应软硬件条件等，在学历结构、研发人员占比、软件产品开发销售收入占比上也应达到一定标准。

"两免三减半"的优惠期从企业首个获利年度起计算，如果企业在首个获利年度并不符合免税优惠条件，以后年度符合条件的，只能从符合年度起享受优惠期剩余年度的优惠。例如，某企业2015年度成立，2017年度首次获利，2018年符合条件，那么该企业从2018年开始享受剩余的"一免三减半"的优惠政策。

《关于进一步鼓励软件产业和集成电路产业发展企业所得税政策的通知》（财税〔2012〕27号）（节选）

四、国家规划布局内的重点软件企业和集成电路设计企业，如当年未享受免税优惠的，可减按10%的税率征收企业所得税。

《关于集成电路设计和软件产业企业所得税政策的公告》（财务部　税务总局公告 2019 年第 68 号）（节选）

一、依法成立且符合条件的集成电路设计企业和软件企业，在2018年12月31日前自获利年度起计算优惠期，第一年至第二年免征企业所得税，第三年至第五年按照25%的法定税率减半征收企业所得税，并享受至期满为止。

知识产权篇

//

　　"避风港原则"是处理平台上各类知识产权侵权行为的关键制度，《电商法》出台以前，"避风港原则"在立法层面最细致的规定是《信息网络传播权保护条例》，其中确立了"通知−删除−反通知−恢复"的完整操作流程。该规定虽然细致，但只能适用于著作权领域，于是《民法典》第一千一百九十四条和第一千一百九十五条作为网络专条出现了。这两条条款对权利类型不做区分，只要构成侵权，平台都要在接到通知后处理，因此"避风港原则"得以在侵权领域全面确立。

　　《电商法》本着"填补空白、解决突出问题"的立法精神，在已有"避风港原则"的制度建设上做出了更加系统性的规定，新增了诸多亮点，包括对投诉和申诉条件做出更细致的要求、认可平台可以采取力度更强的处置措施、15 天的维权等待期、恶意投诉的双倍赔偿等。

　　虽然还有一些问题尚未解决，例如，基础网络服务平台是否遵循"避风港原则"，平台在处理投诉和申诉过程中独立判断的权限是怎样的，恶意投诉赔偿的标准是什么等，但《电商法》第四十二条到第四十五条，加上原有的立法、司法解释，可以说已然构建出一个更加系统且完整的"避风港原则"，今后在网络知识产权保护和平台责任的问题上，需要法律实务工作者们与时俱进的实践和试错。

一、《电商法》关于知识产权 "避风港原则"的创新

因为网络信息的传播非常便利和快速，这使得今天的互联网平台企业发展非常快，同样侵权信息也在互联网平台上得到了快速的传播。为何互联网平台企业没有因这些平台上用户的侵权信息而承担法律责任呢？这是因为互联网平台企业有一个法律赋予它们的"护身符"，这个护身符就是法律上的"避风港原则"，即只要互联网平台企业按照法律规定及时驶入"避风港"，就无须承担平台上因用户的侵权信息而带来的侵权责任。这一原则使得过去几十年互联网快速生长，获得了足够的发展空间。但随着互联网占据人们社会活动的比例越来越高，侵权信息通过电商平台使得更多的权利人遭受损失，原有的"避风港原则"已经在权利人维权和被恶意投诉这两方面后继乏力，无法很好地保护各方利益。这次《电商法》的出台，对原有的"避风港原则"进行了创新和补充，呈现出一个新的"避风港原则"。

1 条文解析

《民法典》第一千一百九十四条 网络用户、网络服务提供者利用网络侵害他人民事权益的，应当承担侵权责任。法律另有规定的，依照其规定。

第一千一百九十五条 网络用户利用网络服务实施侵权行为的，权利人有权通知网络服务提供者采取删除、屏蔽、断开链接等必要措施。通知应当包括构成侵权的初步证据及权利人的真实身份信息。

网络服务提供者接到通知后，应当及时将该通知转送相关网络用户，并根据构成侵权的初步证据和服务类型采取必要措施；未及时采取必要措施的，对损害的扩大部分与该网络用户承担连带责任。

权利人因错误通知造成网络用户或者网络服务提供者损害的，应当承担侵权责任。法律另有规定的，依照其规定。

《信息网络传播权保护条例》第十四条 对提供信息存储空间或者提供搜索、链接服务的网络服务提供者，权利人认为其服务所涉及的作品、表演、录音录像制品，侵犯自己的信息网络传播权或者被删除、改变了自己的权利管理电子信息的，可以向该网络服务提供者提交书面通知，要求网络服务提供者删除该作品、表演、录音录像制品，或者断开与该作品、表演、录音录像制品的链接。通知书应当包含下列内容：（一）权利人的姓名（名称）、联系方式和地址；（二）要求删除或者断开链接的侵权作品、表演、录音录像制品的名称和网络地址；（三）构成侵权的初步证明材料。

权利人应当对通知书的真实性负责。

第十五条 网络服务提供者接到权利人的通知书后，应当立即删除涉嫌侵权的作品、表演、录音录像制品，或者断开与涉嫌侵权的作品、表演、录音录像制品的链接，并同时将通知书转送提供作品、表演、录音录像制品的服务对象；服务对象网络地址不明、无法转送的，应当将通知书的内容同时在信息网络上公告。

第十六条 服务对象接到网络服务提供者转送的通知书后，认为其提供的作品、表演、录音录像制品未侵犯他人权利的，可以向网络服务提供者提交书面说明，要求恢复被删除的作品、表演、录音录像制品，或者恢复与被断开的作品、表演、录音录像制品的链接。书面说明应当包含下列内容：（一）服务对象的姓名（名称）、联系方式和地址；（二）要求恢复的作品、表演、录音录像制品的名称和网络地址；（三）不构成侵权的初步证明材料。服务对象应当对书面说明的真实性负责。

"避风港原则"来源于美国1998年制定的《数字千年版权法案》（Digital Millennium Copyright Act）。"避风港原则"指的是：对于网络服务提供者使用信息定位工具，包括目录、索引、超文本链接、在线存储网站，在其链接、存储的相关内容涉嫌侵权，如果其能够证明自己并无恶意，并且及时删除侵权链接或者内容，则其不承担赔偿责任，故"避风港原则"又称为"通知+删除"规则。"避风港原则"最早仅适用于著作权领域，后来扩大适用到其他类型的知识产权侵权中。制定该原则的初衷是考虑网络中介服务商难以对大量的商品信息进行事先审查，对商品信息侵权并不知情，故通过"避风港原则"，对网络中介服务商的间接侵权责任进行限制。在《电商法》出台前，我国关于"避风港原则"的规定主要体现在《信息网络传播权保护条例》第十四条至第十六条中，通过上述法条可以看出我国在网络服务方面的"避风港原则"也是"通知+删除"的规则。

《电商法》出台后，通过第四十二条至第四十五条四个条文，将电子商务领域的"避风港原则"变成了"通知+及时删除+转通知+声明+转声明+十五日采取措施"，通过简易证据和程序性的判断来替代原有的仅对证据的判断。平台作为信息的流转方，使得投诉人和被投诉人了解彼此充分的信息并做下一步的判断，来进行纠纷的处置，而非平台方单方面来判断，体现了权利人之间的公平对抗性和平台方的中立性。除了在投诉程序上有变化，该原则在责任承担上也有变化，《电商法》第四十三条要求平台方在收到投诉后"及时采取必要措施"，如不及时，需要"对损害扩大的部分""承担连带责任"，同时规定恶意投诉方需要承担加倍赔偿责任。

2 四大创新点总结

《电商法》关于知识产权"避风港原则"主要的创新点可以总结如下。

2.1 使得投诉方和被投诉方在平台投诉中更加公平，平台更加中立

在以往的投诉中，平台方需要对投诉的内容是否侵权做出判断，而决定是否采取必要措施。这将导致很多平台怕承担责任，平台会对投诉人的举证有所偏袒，使得被投诉人感到不公平；或者平台为了保护平台的被投诉者，会对被投诉人的举证有所偏袒，使得投诉人在平台投诉失败而让损失持续扩大。《电商法》构建的"避风港原则"使得平台更多地做程序判断，而非证据判断。

2.2 流程更加完整

原有的"避风港原则"只规定了"通知+删除"，被投诉人有时若无法及时获取投诉内容，便无处着手；同时，投诉人有时也无法及时获取被投诉人的举证，亦无法判断下一步行动。《电商法》规定了平台需要"转侵权人的通知"和"转被投诉人的声明"，使得投诉人和被投诉人可以判断彼此的证据；同时，在起诉期间平台需要采取必要的维持措施，防止损失的扩大。

2.3 权责更加明晰

在原有的"避风港原则"下，如果被认定为错误投诉后，被投诉人只能通过证明其因为错误遭受的损失而获得赔偿，《电商法》规定了"恶意投诉"的加倍赔偿标准，使得投诉人发起投诉时需要谨慎，防止恶意的投诉扰乱平台上的交易秩序。

2.4 投诉流转方向明晰

原有的"避风港原则"只规定了平台方应该进行证据的判断，然后对侵权内容采取断开链接。如果投诉人和被投诉人都进行了举证，最终以平台判断为准；不服平台的判断可向法院进行诉讼。这将导致很多投诉人在平台方上纠缠，从而产生一次又一次的投诉。《电商法》规定了如果被投诉人进行了有效声明，投诉人可以在15日内采取行政投诉或者起诉，采取措施后投诉结果维持现状直至法院或者行政机关认定。这将导致投诉无法在平台上获得处理时，可以流转到更为专业的法院或行政机关。

社会在发展，需要解决的问题也在演变，此次《电商法》对"避风港原则"进行了细化，希望有助于解决电子商务中知识产权投诉中的各方权益问题。考虑到司法实践中的现实问题，对"避风港原则"进行细化是必然的选择。我们无法做到仅通过一个法律原则就可以很好地解决现实中的各种问题，但这种创新依然值得鼓励和探索。希望在司法实务中，"避风港原则"能与时俱进地不断细化和演变，解决好不同时代下的问题。

二、各大电商平台对平台内知识产权保护的实践

当发现某个电商平台出现自己的产品被其他未授权的人销售时，人们的第一反应是找平台了解情况并要求平台将侵权商品下架。平台会告诉其知识产权投诉路径，要求权利人按照平台的知识产权保护规则进行投诉。目前主流的电商平台均建立了知识产权投诉处理机制，并组建相关的团队进行相关问题的处理，他们藏身于各大平台，手握平台商品下架和处罚的大权，同时也是权利人快速维权的"维权骑士"。为何各大平台都要建立这支团队并建立处理流程呢？是平台自发的行为还是法律有明确要求？让我们一起解密这背后的逻辑。

1 条文解析

《电商法》第四十一条 电子商务平台经营者应当建立知识产权保护规则，与知识产权权利人加强合作，依法保护知识产权。

《电商法》明确规定电子商务平台经营者均需要建立知识产权保护规则，这意味每个平台都需要有一套知识产权保护规则和处理机制、组建专业的处理团队。从风险的角度来说，如果权利人向平台依法进行了知识产权投诉，平台未采取必要措施，则根据《民法典》的规定，平台需要和侵权人承担侵权的连带责任。立法从保护权益的角度也考虑到平台承受不起全网的商家连带的侵权责任，所以设计了现有的"避风港原则"的知识产权保护机制，让平台自收到侵权通知后处理知识产权投诉，而非直接承担侵权的连带责任。如果投诉人投诉的材料是虚假的，平台没有经过专业人士的核实和判断就采取了下架商品等措施，这可能导致平台上的商家对平台产生不满或者引发纠纷，影响平台上商家销售商品且给平台带来涉诉风险，影响平台的正常经营。从商业利益的角度来说，如果平台上有一个消

费者买到的是假货，那么平台可能会失去这个消费者及这个消费者身边人的信任，他们就不会再到平台上进行消费；同时，平台要消耗维权资源来处理这笔交易，所以愿意接受权利人的投诉，来及时处理平台上的虚假商品，毕竟平台上有海量的商品，其无法对所有商品做到实时的监测。

实践中，知识产权的保护机制的实施要复杂很多。这里主要有两个问题。一是投诉人提供的投诉材料能否有力地证明平台上的商品构成侵权，这是投诉处理的关键；但平台无法做调查取证，仅凭借权利人初步提交的证据材料，无法确切判断证据的证明力。二是投诉材料和处理上如果不规范，就会造成较高的运营成本，例如权利人不知道应该到哪里提交投诉材料，需要提交哪些投诉材料，且经常来催问客服投诉是否成立，这都会提高平台处理投诉的运营成本。为此各大平台都会在网站首页位置做一个知识产权的投诉入口，权利人点击进去之后可以看到投诉规则、投诉流程、需要提交的材料、处理时间等。平台的处理规则可以指导权利人进行高效合法的维权，同时可以提升平台的处理效率。各大平台通过规则的制定和公示，很好地解决了如何达到证明力度的问题及处罚结果的预期，同时让在平台上经营的商家也知道了知识产权侵权处罚的尺度和罚则，也符合《电商法》要求的建立知识产权保护规则的问题。

下面列举几个主要平台的知识产权保护入口。阿里巴巴的知识产权保护入口如图3-1所示。

图3-1 阿里巴巴的知识产权保护入口

在各个平台上，权利人需要实名注册一个知识产权保护平台的账号，然后上传权利人的证明材料。这样平台可以一次性审核权利人的证明材料，以后有投诉链接的时候，平台只对投诉链接进行审核，不需要对提交的证明材料做二次核验，提高了投诉效率。同时，这样做也可以积累品牌数据，便于平台开展其他知识产权保护活动，使权利人的知识产权在各个平台上得到更好的保护。京东商城、拼多多、有赞网的知识产权保护入口分别如图3-2、图3-3、图3-4所示。

图3-2　京东商城的知识产权保护入口

图3-3　拼多多的知识产权保护入口

图3-4　有赞网的知识产权保护入口

京东商城的知识产权保护入口需要登录京东的账号才可以提交投诉信息。

目前，主流的电商平台都建立了知识产权投诉入口，这里就不一一列举了，入口链接也会根据业务进行变动。如何快速地找到投诉入口？通常各大平台都会在首页最下面放置"知识产权"的二级链接，点击进去就是投诉入口。如果在有些平台上找不到投诉入口，你可以咨询客服，其会指导你如何进行有效的投诉。

2 案例说法

案例1 衣念（上海）时装贸易有限公司诉浙江淘宝网络有限公司、杜国发侵害商标权纠纷案

依兰德有限公司（E．LAND LTD）是第1545520号注册商标和第1326011号注册商标的权利人，依兰德有限公司将上述商标的独占许可使用权授予衣念（上海）时装贸易有限公司（简称衣念公司），被告杜国发在淘宝网上销售该品牌的假冒服装，原告衣念公司在几年内向淘宝网投诉7次，虽然投诉成功后淘宝网采取了删除商品的措施，但被告通过继续上传侵权商品的行为让侵权事实继续在发生。二审法院认为：淘宝网仅被动地根据权利人通知采取没有任何成效的删除链接的措施，未采取必要的能够防止侵权行为发生的措施，从而放任、纵容侵权行为的发生，其主观上具有过错，客观上帮助了杜国发实施侵权行为，构成共同侵权，应当与杜国发承担连带责任。

该案是2012年的一个知名案件。淘宝网在处理知识产权侵权投诉时，未采取必要的措施，让侵权行为一直存在，从而承担了连带责任。不过看了之后的淘宝网的类似案例，可以看到淘宝网关于知识产权的保护机制已较为完善。时至今日，阿里巴巴的知识产权保护机制已经达到行业的领先水平。其他电商平台应该注重类似承担连带责任的案件，完善现有的知识产权保护机制，以免承担类似侵权的连带责任。

案例2 上海乐扣乐扣贸易有限公司与赵秀敏、浙江淘宝网络有限公司侵害商标权纠纷案

原告上海乐扣乐扣贸易有限公司是"LOCK"和"乐扣乐扣"商标在国内的权利人，被告淘宝商家赵秀敏在其店铺销售商品，侵犯了原告的商标权。原告向被告淘宝网继续投诉后，淘宝网审核投诉材料后对侵权商品采

取了下架的措施。原告要求被告淘宝网进行处罚未果，便要求淘宝也承担连带责任。经过法院审理，淘宝网依法及时处理投诉并下架侵权商品，无须承担侵权连带责任。

该案中，平台方淘宝网在收到投诉后，下架侵权商品，已驶入"避风港"，无须再承担侵权连带责任。至于平台是否采取了处罚手段，应该是平台自治并结合法律要求之后的综合考虑，原则上，平台对商家的侵权行为进行处罚应该依据平台的知识产权保护及处罚的相关规则，而不是依据投诉人的诉求。

3 给商家的建议

3.1 按照平台公示的规则进行知识产权维权

如果平台上有侵犯商家知识产权的行为，商家应该先研究平台的知识产权规则，按照平台要求的投诉路径和举证材料进行提交。如果不按照平台上的规则进行投诉，将被视为无效投诉，平台可以不处理该笔投诉。商家在投诉时要尽力争取一次性投诉成功，以免在来回沟通中使侵权的损失扩大。如果你是被投诉的商家，可以先研究平台的申诉机制，按照平台的申诉规则和所需举证材料来进行申诉，争取一次性申诉成功，以免来回沟通而耽误商品的正常销售。

3.2 固定好侵权证据用于追责

如果商家是投诉人，通常平台认定为侵权成立，将下架销售的商品并给予平台规定的处罚。但商家的损失已经造成，侵权行为的赔偿责任只能由法院来执行，所以商家在向平台进行投诉前，可以将平台的侵权行为进行证据的固定——主要固定销售主体信息、侵权链接和网页、销售数量等；否则知识产权投诉成功后，平台会下架侵权商品，商家要再拿到侵权的证据会比较麻烦。如果商家是被投诉方，接到投诉后，应先核实自己销售商品的来源，并向供货方索要相关知识产权证明，拿到知识产权证明材料后依据平台规则进行及时申诉。如果商家短期内拿不到知识产权证明材料，可以通过商标局网站或者专利局网站等主动查找和联系知识产权权利人，并进行沟通。实践中，权利人的维权机构是外包的公司或者自己的法务部，因不了解产品实际的销售路径和授权情况，或者因几个代理商之间的误会，从而导致的投诉"乌龙事件"也比较常见。如果由品牌方进行核实和协调，可能会存在撤销投诉的情况。

3.3　销售商品时应注意知识产权保护及拿到知识产权许可

如果商家是品牌方，在网络上销售商品前，最好对自己的商品申请商标、专利等，进行知识产权保护，以免遭受投诉打击或自己经营的品牌帮助别人创造收益。如果商家是经销商，在网络上销售商品前，最好拿到品牌方的知识产权许可，尤其是境外供应商或一些大集团的知识产权许可材料，在被投诉时就可以快速地申诉。如果商家在被投诉时再向品牌方申请知识产权证明材料，有可能因时间来不及而遭受损失和处罚。同时，商家拿到知识产权授权后，如果平台上有人冒充你的商品，你就可以拿着知识产权材料去投诉。

三、知识产权权利人投诉与商家应对

目前，各大电子商务平台均按照法律规定，建立了知识产权投诉处理机制，仔细研究会发现各大平台的知识产权投诉处理机制的内核基本一致，因为这些机制来源于法律强制性规定的要求。实践中，这些机制使得知识产权权利人可以快速地在平台进行投诉维权，同时也划分了平台和商家在知识产权侵权中的责任。但这些机制也存在一些问题，如虚假投诉导致商家遭受损失等。《电商法》对知识产权投诉处理机制进行了完善，其中的处理程序和权利义务更加清晰具体。《电商法》是如何规定的呢？当商家的知识产权被侵权时该如何应对呢？下面，我们一起来看一下《电商法》的规定。

1 条文解析

《电商法》第四十二条 知识产权权利人认为其知识产权受到侵害的，有权通知电子商务平台经营者采取删除、屏蔽、断开链接、终止交易和服务等必要措施。通知应当包括构成侵权的初步证据。

电子商务平台经营者接到通知后，应当及时采取必要措施，并将该通知转送平台内经营者；未及时采取必要措施的，对损害的扩大部分与平台内经营者承担连带责任。

因通知错误造成平台内经营者损害的，依法承担民事责任。恶意发出错误通知，造成平台内经营者损失的，加倍承担赔偿责任。

第四十三条 平台内经营者接到转送的通知后，可以向电子商务平台经营者提交不存在侵权行为的声明。声明应当包括不存在侵权行为的初步证据。

电子商务平台经营者接到声明后，应当将该声明转送发出通知的知识产权权利人，并告知其可以向有关主管部门投诉或者向人民法院起诉。电子商务平台经营者在转送声明到达知识产权权利人后十五日内，未收到权利人已经投诉或者起诉通知的，应当及时终止所采取的措施。

第四十四条　电子商务平台经营者应当及时公示收到的本法第四十二条、第四十三条规定的通知、声明及处理结果。

上述条款是《电商法》中的亮点法条，也是三条执行起来比较难的法条。亮点在于上述条款通过对投诉程序和虚假投诉进行了明文约定，难点在于平台对于处理流程的实时公示和对初步证据的判断。整体上，这三条法条的生效使得知识产权权利人投诉维权的在操作层面有据可依，为了便于理解，笔者绘制了平台投诉流程图，如图3-5所示。

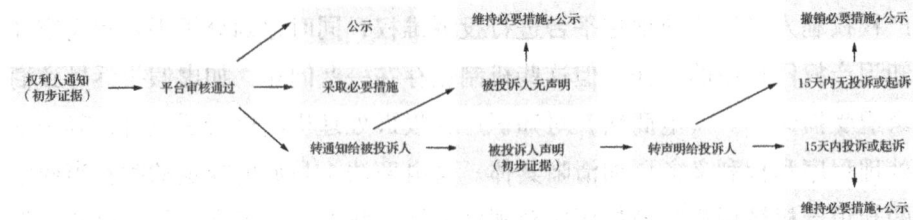

图3-5　平台投诉流程图

当知识产权权利人发现电商平台上有人侵犯自己的知识产权权利时，权利人可以向知识产权平台发出通知。但这个"通知"必须是有效的通知，否则平台可以处理这个无效的通知。有效的通知必须包含：①权利人的身份信息（自然人可以提交身份证照片，企业可以提交营业执照扫描件）和联系方式及地址；②要求处理的侵权信息及准确的网络地址（因为平台都有海量的信息，所以要提供准确的网络链接）；③构成侵权的初步证据材料（如商标证书、专利证书、授权协议等）；④按照电商平台指定的投诉途径进行投诉或者法定的送达（如指定的网站或者向指定的邮箱发送投诉材料）。这四个通知要素，有一个不满足，平台都可以拒绝处理，投诉也将被视为无效的投诉。

当平台收到权利人的通知后，会进行形式审核。如果该通知不满足投诉的要件，平台可以拒绝处理；如果满足投诉的要件并初步审核材料为有权利的投诉人，平台将采取删除、屏蔽、断开链接、终止交易和服务等必要措施，同时将处理结果进行公示，并将权利人的通知转给平台内的被投诉方。

被投诉方收到侵权通知后，如不再进行声明或者进行无效的声明，则平台将维持投诉的结果；如被投诉方认为投诉是不合法的，可准备初步证据（包括合法销售的协议、商标证书、专利证书等）进行声明。

平台收到有效的声明后将转声明给投诉人，并告知投诉人可以向有关主管部门投诉或向人民法院起诉。

权利人如果在收到投诉人的声明后未在15个工作日向主管部门进行投诉或者起诉的，并未将主管部门的投诉受理书或者法院的立案通知书转给平台的，平台需要及时终止前面采取的必要措施，并将最后的取消结果公示出来。

2 案例说法

案例1 浙江淘宝网络有限公司与济南佐康商贸有限公司侵害商标权纠纷案件

济南佐康商贸有限公司是"佐康"品牌产品的运营者，向淘宝公司的9次投诉及发送的律师函仅提供了涉嫌侵权的商家链接，但对于侵权事实并未提供侵权事实成立的初步证据，其主张相关商家侵权的理由为"佐康"系列产品是在全国范围内授权特约经销商在特定区域内以全国统一价进行销售的，从未授权其他任何单位和个人在互联网上销售，要求淘宝网删除所有相关产品信息。淘宝网未采取必要措施。最终二审法院支持了淘宝网未采取必要措施的行为。

该案非常典型，一是很多知识产权权利人都将自己的权利证书发送给电商平台，要求平台进行自查，下架其品牌的所有商品。但这种投诉实为无效投诉，不满足投诉四个要件中的"缺少确定的侵权链接"。因为平台有海量的商品，无法定位到即时侵权的商品链接，因核查量太大而无法将商品全部进行下架处理。二是在这个案件中，不满足投诉四个要件中的"初步证据材料"，所以即使向淘宝公司投诉了九次，淘宝公司仍然可以不处理投诉。

案例2 朱某亮诉阿拉丁公司网络侵权纠纷案

朱某亮发现阿拉丁公司负责经营和管理的网站"昆山论坛"有一篇诋毁自己的帖子，然后向阿拉丁公司发送了删除帖子的律师函，案件审理中朱某亮发的律师函未按照论坛首页展示的《侵权信息申诉流程及其处理办法》中的地址进行邮寄。阿拉丁公司在法庭上抗辩未收到该律师函，故没有删除帖子。法院支持了阿拉丁公司的主张。

该案中，朱谋亮虽然进行了投诉，但投诉时未按照平台指定的方式通知到平台，故平台没有答应其删除帖子的请求。由此可见，投诉时除了准备好投诉材料外，还需要向平台询问投诉的渠道，依据平台指定的渠道进行投诉。

3 给商家的建议

3.1 开展业务时进行知识产权保护

目前，部分商家对自己品牌的保护意识不强，主要是对自己的商品不进行知识产权保护申请，如申请商标或者专利保护，导致自己的商品被其他人注册了商标，商家被别人在平台上投诉，自己经营的品牌被别人占用了，还要接受平台的处罚。另外，商家在销售商品时，没有品牌意识，没有取得品牌方的授权材料，导致被其他人投诉时，无法在有效期内进行有效的声明，可能被平台处罚，影响自己的信誉等。往往向一些大品牌公司取得授权是比较漫长的，尤其是取得一些国外品牌的授权，导致很多商家无法及时进行声明而被处罚。建议商家在商谈合作时就要取得一份授权备用。

3.2 通知有效期内进行有效声明

首先，商家要确保自己留给平台的联系方式（包括短信、邮箱、站内信等）是可以随时收到信息的，不然平台的投诉处理结果和"转通知"的内容是无法收到的。其次，商家要尽快准备声明材料，通过平台指定的声明路径将声明材料提供给平台，声明材料需要包含初步的证据材料；如果未及时进行有效声明，商家可能会遭受不利的处罚结果，并影响店铺信誉。

四、遇到错误通知与恶意通知怎么办

根据阿里巴巴提供的数据，2016年阿里巴巴平台总计发现有恶意投诉行为的权利人账户5862个，近103万个商家和超600万条商品链接遭受恶意投诉，造成卖家损失达1.07亿元。虽然法律规定了知识产权侵权投诉处理机制，但因电商平台方无法查证投诉证据材料的真实性，只能进行形式审查，导致有人利用投诉机制打击竞争对手或恶意敲诈；而大多被投诉人通常只能通过不正当竞争来维权。这类案件在《电商法》出台后有了明确的规定。下面，我们一起看一下《电商法》中是如何规定的。

1 条文解析

《电商法》第四十二条 因通知错误造成平台内经营者损害的，依法承担民事责任。恶意发出错误通知，造成平台内经营者损失的，加倍承担赔偿责任。

《电商法》第四十二条规定了"通知错误"和"恶意发出错误通知"应该承担的责任，此处为何对"通知错误"和"恶意发出错误通知"进行了划分呢？因为对于有些投诉，往往权利人也无法准确判断其是否侵权了。例如，在专利侵权方面或者对近似的商标侵权的判断，最终判断是否构成侵权行为需要法院来裁定，这就会存在投诉后并不侵权的情况，这种情况属于"通知错误"。但如果权利人在投诉时存在主观恶意并使被投诉人遭受了损失，那么就属于"恶意发出错误通知"者，例如虚构商标证书进行投诉。

对于"通知错误"的情况，如果被投诉人要求通知人承担责任，则应按照给被投诉人造成的损失来进行赔偿。如果被投诉人能证明侵权通知是主观恶意的错误通知，那么被投诉人可以按照给其造成损失的双倍要求赔偿。如果恶意通知中有伪造文件或者敲诈勒索的行为，被投诉人也可以对通知人主张刑事责任。

因为在某些情况下，权利人无法确定被投诉人是否构成侵权，所以可以理解为该条文的约定加重了维权人的责任。但因为知识产权投诉在电商平台中的投诉成本太低，被采取必要措施（如下架商品等）的处理时间短，导致在法院裁量是否构成侵权前，侵权行为已给被投诉人造成了损失，所以该条的约定，可以让权利人审慎评估自己的权利，并发起侵权投诉，且在投诉和庭审中可以快速地判别自己的权利后，快速进行和解，进而降低可能的"通知错误"给被投诉人造成的损失。另外，在知识产权诉讼中，诉讼成本由败诉方承担，所以权利人在发起知识产权侵权投诉时一定要审慎评估。

2 案例说法

案例1 假冒官网恶意投诉诈骗案

2016年9月，阿里巴巴平台治理部协助佛山警方打掉一个利用"假冒品牌官网"和知识产权维权机制进行"恶意投诉"、敲诈近百名淘宝卖家的犯罪团伙。2016年的5月至7月，梁某某等人利用虚假品牌官网，以淘宝商家盗用其"官网"图片为由发起知识产权投诉，要求商家删除相关商品的信息链接。超过98名淘宝卖家被梁某某等人敲诈了1000元至30000元不等的"授权费"。此外为躲避平台监管，梁某某等人每次交易沟通都在QQ等社交软件上进行。梁某某等人因诈骗罪被正式批准逮捕。

该案件中，投诉人虚构证据，向平台的商家发起恶意投诉，损害被投诉人的权益；投诉人还有敲诈行为，构成了诈骗罪。如恶意通知的行为不存在敲诈，属于竞争对手之间的恶意通知行为，投诉人除了需要承担给被投诉人遭受损失的双倍赔偿及相关诉讼费用外，也可能需要承担不正当竞争的法律责任。

案例2 杭州曼波鱼贸易有限公司（简称曼波鱼公司）不正当竞争纠纷案

台州市康贝婴童用品厂（简称康贝厂）厂长吕良成功申请了"婴儿泳桶"实用新型专利，康贝厂和吕良共同向浙江淘宝网络有限公司（简称淘宝公司）发出《专利侵权通知函》，告知专利权人吕良将涉案专利全权授予康贝厂独家使用，并指出包括"母婴曼波鱼专营店"在内的29家淘宝网店所销售的产品并非由该专利所授权的厂家生产，为仿冒专利权人的产品。淘宝网对投诉的侵权内容进行了下架处理。随后，曼波鱼公司起诉称：该公司与康贝厂均系经营婴儿游泳池等婴儿产品的企业，且均设有在线销售业务；康贝厂出于不正当竞争的目的，为打压竞争对手，故意捏造该公司的虚假侵权事实，并恶意向淘宝公司进行投诉；而淘宝公司在未经任何核实的情况下删除了曼波鱼公司的产品信息，致其及下属经销商的正常经营活动受到严重影响，并使该公司遭受巨大经济损失，商业信誉亦受到贬低。曼波鱼公司请求法院判令康贝厂赔偿经济损失10万元，并公开向曼波鱼公司赔礼道歉，以消除影响。最终二审法院认为：本案中，康贝厂涉案投诉应认为系正当行使其合法权利，尚不具备诋毁竞争对手的主观恶意和相应的行为后果，不构成不正当竞争。

该案件属于投诉人"通知错误"，导致被投诉人遭受损失；但因被投诉人主张不正当竞争，而投诉人没有不正当竞争的主观恶意，导致其主张无法得到支持。但如果按照《电商法》第四十二条的规定，主张因为通知错误需要承担赔偿责任，则将可能获得法院支持。

3　给商家的建议

3.1　发起投诉前做是否侵权的专业性评估

随意的通知可能在司法中被认定为"通知错误"，其将可能给投诉人带来赔偿责任，所以投诉人在发起侵权通知前，建议做是否构成侵权的专业性评估。如果评估后认为构成侵权的把握不大，建议就可能构成侵权的商品做销量减少的评估后向平台发起投诉，并尽量避开被投诉人广告投放的时间；或者先向法院提起知识产权侵权诉讼，等确权后再进行投诉，避免因为可能的"通知错误"给投诉人带来赔偿责任及较高的诉讼费用。

3.2　收到错误投诉或恶意投诉的应对措施

被投诉人收到错误投诉或者恶意投诉时应先向平台进行声明，同时联系投诉人并告知"通知错误"可能导致的投诉人需要承担的责任，让投诉人及时撤销投诉，及时减少损失并避免平台方对自己的处罚。如投诉人不撤销投诉，被投诉人可向法院提起诉讼，向平台调取被投诉人对应商品正常的销售情况及投诉人的投诉材料；如果投诉人有敲诈或者能证明投诉人是故意恶意的投诉，应及时固定相关证据。

五、十五日"等候期"对商家的影响与商家的应对措施

在《电商法》生效前，电商平台对投诉人投诉材料的认定及电商平台对被投诉人申诉材料的认定，都可能无法获得投诉人或者被投诉人的认可，因为是否侵权除非被投诉人自认，不然最终的裁量权应该在法院。这就导致平台可能会加重对投诉人侵权的认定，以避免平台承担连带责任的风险，这对商家是极其不公平的。这次颁布的《电商法》中创设性地提出了十五日"等候期"，从而避免了平台在认定是否侵权上做出实质判断。下面，我们一起来看看这一创新将对平台治理和商家产生哪些影响呢？

1 条文解析

《电商法》第四十三条 平台内经营者接到转送的通知后，可以向电子商务平台经营者提交不存在侵权行为的声明。声明应当包括不存在侵权行为的初步证据。

电子商务平台经营者接到声明后，应当将该声明转送发出通知的知识产权权利人，并告知其可以向有关主管部门投诉或者向人民法院起诉。电子商务平台经营者在转送声明到达知识产权权利人后十五日内，未收到权利人已经投诉或者起诉通知的，应当及时终止所采取的措施。

本法条规定：当知识产权权利人向平台进行投诉后，被投诉人会向平台进行声明。如果知识产权权利人收到声明后未在十五日内向有关主管部门投诉或者向人民法院起诉的，则之前采取的必要措施需要撤回，商品恢复到原有的状态。如果知识产权权利人在收到声明后向主管部门进行了投诉或者向人民法院进行了起诉，那么平台只能在人民法院审判完成或者主管部门判定完成后，再决定是否撤销之前的必要措施。

从《电商法》第四十三条可以看出,这十五日"等候期"是通过对投诉流程的规定以避免电商平台对投诉内容进行实质性裁决,从而让人民法院和主管部门来进行真正的裁决。推出十五日"等候期",在一定程度上是为了防止恶意投诉,是对投诉人采取后续行动的约束。如果十五日"等候期"内知识产权权利人发起了向有关部门的投诉或者诉讼,十五日"等候期"在某种程度上相当于知识产权权利人获得了诉前的禁止令,这在一定程度上会防止可能的侵权行为造成的损失扩大。虽然立法的目的是好的,但这一法条的规定对电商行业的影响也是巨大的。站在被投诉人的角度,在这一法条生效前,平台都是自行治理的。被投诉的商家在进行举证声明后,如果其声明材料被初步判定为有效,那么平台方一般都会采取必要措施,并通知知识产权权利人到有关主管部门确权或者法院确权,然后平台拿着有关主管部门的裁定结果或者法院的判决来执行是否要采取必要措施,并且通常平台处理的失效期都远低于十五日。现在这一条法条的生效,导致平台和平台内的商家在十五日内除非找到投诉人要求其撤诉,不然只能让之前采取的必要措施继续维持。如果投诉人一旦启动了向主管部门的投诉或者法院的诉讼,那么在结果出来之前,平台就需要维持之前的必要措施,这就有可能对商家造成很大的影响。因为通常诉讼周期是漫长的,而商家在该商品上积攒下来的销量和信誉在这段时间内均会被"冻结",商家会陷入漫长而无力的等待之中。这一法条的生效,还会将平台收到的大量投诉最终转给人民法院或有关主管部门,而无法在平台内处理完结,从而会占用更多的社会资源。

站在知识产权权利人的角度,如果发现电商平台上有人侵犯自己的知识产权,《电商法》生效前,知识产权权利人只要证据材料齐全,投诉后平台均会删除侵权内容。现在这一法条生效后,如果被投诉方发出"声明",知识产权权利人只能去准备诉讼或向主管部门投诉。而事实上和专业机构打交道需要专业的人,很多知识产权权利人其实不具备诉讼的能力,只能花钱请律师来承担这一任务,这无疑增加了知识产权权利人的维权成本。故知识产权权利人在发起投诉时,就需要准备好向主管部门投诉或起诉的相关材料,以免自身的投诉超过十五日"等候期"而成为"无效"的投诉。

站在平台的角度,这一法条的生效,对于平台方来说只需进行转通知,不需要对侵权材料的真实性做判断，确实可以减少平台在这方面的资金投入，但这样做也可能导致平台上正常的业务被恶意投诉干扰，从而使商家无法正常地开展业务。因此，为了维护平台交易秩序，平台还需要介入对侵权材料真实性的判断。

2 案例说法

案例 恶意投诉赔偿案

A商家为了打击竞争对手B，在"双11"期间，通过Photoshop软件处理一些证据材料，向C电商平台进行了知识产权侵权恶意投诉。C电商平台收到投诉后，依据《电商法》对B商家的商品进行了下架，B商家进行了申诉，A商家收到申诉后没有发起诉讼或者向有关主管部门投诉，15天后C电商平台恢复了B商家的商品。但B商家错过了黄金销售时间，导致仓库大量囤积商品。于是，B商家向法院起诉要求A商家赔偿损失。

本案件中，A商家利用了十五日"等候期"让竞争对手错过了黄金销售时间，造成经营上的损失。B商家只能通过诉讼手段再去维权，且需要证明损失，而损失的计算比较困难，不过B商家可以主张自己的损失，最终由法院来裁量。B商家可以主张的损失计算为：近7天或者近30天该款产品的日平均利润，再乘以下架天数，如在像"双11"这样的节日，可以再主张一定幅度的上涨。同时如果B商家对该款商品投放了广告等，也可以拿着广告合同和发票要求A商家一起承担。如因C电商平台给B商家进行了一些不利的权重调整，也可以要求A商家联系C电商平台进行说明，取消对B商家的不利措施，当然还可以主张仓库成本等；但非直接相关的损失，不建议主张。市场总是充满着美好和想象的，至于法院能支持B商家多少赔偿，B商家应该是无法准确估量的。

3 给商家的建议

3.1 如商家是被投诉人，则需要积极与投诉人沟通

因为十五日"等候期"对很多电商商家的正常营销影响较大，尤其是遇

到一些重要的营销节日时，所以商家如果被投诉且向平台递交了不存在侵权行为的声明后，应及时与投诉人进行沟通，看其是否可以先撤销投诉，然后双方再进行沟通或单独就相关商品是否构成侵权向法院提起诉讼，待诉讼结果确定后再决定商家是否向权利人进行赔偿，以免平台的必要措施持续存在而给商家或知识产权权利人带来更大的损失。此处在处理时，其实还可以考虑引入"担保"机制，在商家提供了担保金之后，可以和投诉人达成一致，投诉人暂时向平台撤销投诉。如果知识产权权利人也在同一平台销售产品，商家可以作为知识产权权利人进行投诉，达到"反制裁"的效果，从而使对方先行撤诉，然后双方都进入诉讼程序以确定权利。

3.2 如商家是知识产权权利人，则需要准备诉讼材料

商家在投诉时一定要准备好后续诉讼所需材料，防止在十五日"等候期"内无法及时地起诉而导致投诉失败。另外，建议在十五日"等候期"内选择起诉程序，因为这时诉讼的管辖区可以选择商家所在地的法院，从而减少商家的维权成本。如果选择向主管部门投诉，则需要向被投诉方所在地的主管部门投诉，这将会增加其维权成本。

网络消费者
权益篇

//

　　由于电子商务消费行为发生在线上，买卖双方彼此之间并不见面，对于商品和服务的考察也没有线下那么完整全面，消费者在交易过程中需要法律给予更有针对性的支持和保护。

　　与现有的《中华人民共和国消费者权益保护法》（简称《消费者权益保护法》）相比，《电商法》对消费者权益的保护主要是通过对商家和平台提出各项要求来实现的，涉及的网购消费者权利主要包括安全保障、知情权、自主选择权、公平交易权、收验货权、评价权、信息保护权等。

　　《电商法》尤其把对消费者人身权、财产权的保障提升到重要的地位，第十三条规定了电子商务经营者销售的商品或者提供的服务应当符合保障人身、财产安全的要求和环境保护要求。第三十八条明确了电子商务平台经营者履行对平台内经营者侵害人身、财产为核心内容的消费者合法权益行为采取必要措施的义务。这些条文的制定对消费者能够在一个安全可靠的网络环境下进行交易提供了有效的保障。

一、"刷单炒信"的法律责任

"刷单炒信"就是电商活动中用假的交易或者好评来提升自己店铺商品信誉度的一种做法,这种方式可以使很多不明真相的消费者误以为这家店铺的商品很受欢迎而跟风购买。而事实上,商家的商品质量或者服务等方面往往与刷出来的数据并不相符。

为了保护消费者权益和维持市场秩序,《电商法》第十七条明令禁止刷单行为,刷单商家将因此承担赔偿或罚款等责任,严重情况下构成犯罪的甚至还会被追究刑事责任。

《电商法》第十七条 电子商务经营者应当全面、真实、准确、及时地披露商品或者服务信息,保障消费者的知情权和选择权。电子商务经营者不得以虚构交易、编造用户评价等方式进行虚假或者引人误解的商业宣传,欺骗、误导消费者。

电商实践中,"刷单炒信"目前已经衍生出一个不小的"灰色产业",大部分"炒信"商家都是借助第三方炒信平台从事信用炒作的,因为这些平台可以调动大量"马甲用户"开展虚假购买、虚假评价,从而在短时间内提升信用等级的同时尽量降低被平台反作弊系统发现的可能。

事实上,炒信行为也可以归入《中华人民共和国广告法》(简称《广告法》)中规定的虚假广告行为。《广告法》第二十八条提及广告中含有商品或者服务销售状况等信息与实际情况不符、对购买行为有实质性影响的,以及虚构使用商品或者接受服务的效果的信息,均属于虚假广告,"刷销量"必然导致"商品或者服务销售状况等信息与实际情况不符",而"虚构使用商品或者接受服务的效果的信息"也正是"刷好评"的目的所在。

但是由于"炒信"之后的结果(虚假销量和虚假评价)未必会被认定为广

告，因此《电商法》对"炒信"行为单独做出禁止性规定是有积极意义的。

《电商法》对于从事"炒信"行为没有做出直接的处罚规定，而是规定依照有关法律的规定处罚，可以依据的有关法律主要包括《中华人民共和国反不正当竞争法》（简称《反不正当竞争法》）、《网络交易管理办法》《消费者权益保护法》《广告法》等，所以司法和执法实践中，电商商家（包括"炒信"平台）的"炒信"行为基于其多样化的表现，会被从多个角度追究法律责任。接下来我们通过具体案例来进行进一步的说明。

案例1 "刷单"构成刑事犯罪

李某通过建立"刷单炒信"平台，非法获利90余万元，被公诉机关以涉嫌非法经营罪起诉。杭州市余杭法院决定对其执行一审判决有期徒刑5年9个月。这是"刷单"行为受到刑事处罚的第一案。公诉机关认为，李某的行为违反国家规定，以营利为目的，明知是虚假信息，仍通过网络有偿提供发布信息等服务，扰乱市场秩序，情节特别严重，构成了《刑法》规定的"非法经营罪"，应当追究刑事责任。

"刷单"平台聚集了大量"刷单"商家和刷手，所以破坏力非常大，造成的影响也比单个"刷单"商家更为恶劣。一旦"刷单"平台完成的刷单量达到一定程度，就可能触犯刑法，构成犯罪。

此外，单个商家的"刷单"行为也可能构成犯罪；如果因为"刷单"（如"反向刷单"）导致其他商家的巨额损失，就很可能构成"破坏生产经营罪"，实践中也出现了此类案例。

案例2 "刷单"行为被行政处罚

义乌市某电商卖家自2017年1月起陆续在Wish和全球速卖通网站共计刷了27092单。金华市市场监督管理局对该"刷单"案件进行了立案查处，并给当事卖家开出14万元的罚单。这是浙江首例跨境电商"刷单"案。

案例3 "刷单"被起诉民事赔偿

"傻推网"在成立不到两年时间里，有三千多个电商商家在该平台发布"刷单"任务，网站涉及"刷单"流水高达2600余万元，"傻推网"从中非法获利36万元，遭到浙江淘宝网络有限公司、浙江天猫网络有限公司共同起诉。

原告方认为"傻推网"组织的"刷单"行为，不仅误导了消费者，在平台上造成"劣币驱逐良币"，而且"污染"了其平台数据，使阿里巴巴方面声誉、竞争力受损，系不正当竞争，要求被告赔偿损失216万元及其他合理支出。最终杭州市西湖区人民法院判决被告杭州简世网络科技有限公司赔偿原告经济损失20.2万元。

除了"刷单"平台和"刷单"商家会承担法律责任，帮助商家"刷单"的"刷手"也构成侵权。目前已经有"刷手"被电商平台起诉到法院，并且承担了赔偿责任的案例，可见"刷单炒信"行为造成的危害是多方面的，面临着越来越大的法律责任。与此同时，由于"刷单"危害到平台的诚信体系，因此也面临来自平台的重拳治理。商家一旦被发现，就可能面临被关店等处罚，得不偿失。

此外，"刷单炒信"还会带来诸多衍生的风险，例如支付给"刷单"平台的"刷单"款项被卷走、"刷单"带来的虚假数据误导投资人构成欺诈或违约、"刷单"导致的虚高交易数据被知识产权权利人作为侵权索赔依据等。

综上因素，无论从哪个方面看，"刷单"都是商业上的短视行为。随着违法成本的逐步提高，以及不诚信行为被公示后所带来的其他附加后果，"刷单"是电商商家必须远离和抵制的做法。

二、押金的使用规范

押金或者保证金在日常生活中非常多见，租房子要向房东"付三押一"，住酒店也可能需要付押金或刷"信用卡预授权"，去医院住院也要先付一笔押金。其实，让用户使用押金的消费场景可以归纳为"暂时让渡使用权"的情况，其实质就是提供商品或服务的一方会暂时失去对交易商品的控制权，为了避免商品损坏等原因而要求用户提供押金进行担保。

电子商务领域也有大量的使用押金的情况。现在，共享经济的商业模式得到广泛应用，租用共享单车、共享新能源汽车、共享充电宝、共享雨伞，都可能涉及押金的收取。目前，有些运营共享单车的公司就因为收取了用户的押金却不能退还给用户，而发生海量用户挤兑或被用户起诉至法院等情况，有些公司也因此而导致"破产"。也有很多互联网公司将用户押金变成了公司的"资金池"，将之单独挪作他用，也因此被用户诟病。

其实，除了在消费端，商家可能还要设置押金流程并收取用户押金外，还有很多商业模式是针对平台端的商家收取押金的。例如，当商家或某品牌要入驻天猫、拼多多等大型网络交易平台时，这些平台往往会要求商家在入驻时交纳一笔押金，在商家违反平台规则售假、侵犯消费者权益或有其他违法行为时，这笔押金会成为商家的"催命符"，让商家因自己的行为而受到惩罚。类似于共享经济模式下的商家较之于用户，平台较之于商家也处于优势地位，两者有一些共通性，商家在此种情况下也就是"用户"。

那么，电子商务商家该如何规范押金的使用以避免违法行为并保障消费者的权益，以及如何了解押金的法律规则并以此保护自己在相对弱势情况下的合法权益呢？这"本是同根生"的两个问题，下面我们就来——阐明。

1 消费端押金的使用规范

1.1 条文解析

《电商法》第二十一条 电子商务经营者按照约定向消费者收取押金

的，应当明示押金退还的方式、程序，不得对押金退还设置不合理条件。消费者申请退还押金，符合押金退还条件的，电子商务经营者应当及时退还。

从这一条款可以看出，《电商法》关于押金的使用，主要是从如下几个方面来进行规范的：一是商家要明确押金退还的方式和程序；二是商家不得设置不合理的退还条件；三是在用户申请退还时，商家应及时退还。

第一，商家要明确押金退还的方式和程序。所谓"明确"一般是指当用户在购买或充值界面操作时，商家要通过页面文字的直接提示或者设置网络链接等形式，能够让用户在充值前就方便查阅，即至少要让用户能清楚地看得到押金条款，网络界面的设计应当是友好的，避免因把这个押金条款隐藏得比较深或者页面字体色彩太浅而不易引起用户的注意，此其一；其二，商家要说明押金在什么情况下能够被退还，如服务结束、商品交付或者相关时限等；其三，商家要说明押金会以什么样的方式来返还，是需要消费者打电话，是能在页面一键提出申请，还是通过邮件进行说明，以及押金是返现金、退到银行账号还是通过微信或支付宝返还等，都应说明清楚。

第二，商家不得设置不合理的退还条件。押金使用规范是指虽然要商家自己去明确押金退还的方式和程序，但是这个方式和程序中仍然不能出现一些不合理的退还条件，否则仍然是不合法的。那么，什么才是不合理的退还条件呢？《电商法》虽然没有对此加以细化，但结合实践，我们可以归纳出如下一些场景。例如，用户在押金充值的时候可以通过任何渠道（如网页、App或小程序等）非常便捷地充值，但是在退押金时商家却要求用户要先行下载商家App并注册才可以退还，或者需要完成一定的任务才可以退还，否则不予退还。这其实也是一种变相的"捆绑式"不合理要求。此前，有一家共享单车公司因为破产被第三方出行机构收购，这家机构通知用户，大意为用户的押金可以转换为出行券和单车券，但没有说明是否可以直接退还押金。从法律的角度，我们应该怎么看待这件事呢？根据《消费者权益保护法》的规定，消费者对于接受的服务享有选择权，禁止强制交易，用户押金的法律性质属于一种信用抵押，而不是消费款。所以，如果这类"接盘侠"公司强制将押金转化为出行券和单车券，实际上是变更了原押金的性质，并侵害了消费者选择权，所以，这类"接盘侠"公司只能将"出行券和单车券"转化设置为可选择项，由用户自行确定是否需要转化。

第三，在用户申请退还时，商家应及时退还。虽然这里提到的所谓"及时"到底是"秒到"还是以日计算，法律没有明确规定，但是按照一般的从接收用户退款通知到履行退款，总归还是要有一个合理的期限的。在特定的案例中，只要技术成熟，就可以做到"秒到"；或者有的商家已经对外承诺了一个退还期，就应当在承诺时间内返还。

第四，关于押金和多种"担保"方式并存。目前已经有越来越多的押金商业模式被大众所诟病，也有越来越多的商家采取了多种形式的保护措施，包括免押金、接入第三方信用评价（例如芝麻信用）服务等。在交通运输部等十部门联合印发《关于鼓励和规范互联网租赁自行车发展的指导意见》中，意见要求："鼓励互联网租赁自行车运营企业采用免押金方式提供租赁服务。企业对用户收取押金、预付资金的，应严格区分企业自有资金和用户押金、预付资金，在企业注册地开立用户押金、预付资金专用账户，实施专款专用，接受监管，防控用户资金风险。企业应建立完善用户押金退还制度，积极推行'即租即押、即还即退'等模式。"

第五，《电商法》第七十八条还规定了电子商务经营者违反押金使用规范应当承担的法律责任，即未向消费者明示押金退还的方式、程序，对押金退还设置不合理条件，或者不及时退还押金的，由有关主管部门责令限期改正，可以处五万元以上二十万元以下的罚款；情节严重的，处二十万元以上五十万元以下的罚款。除了《电商法》，当商家违反押金规范时，用户仍然可以援引《民法典》以及《消费者权益保护法》等法律法规，这一点值得商家注意。例如《消费者权益保护法》第十六条规定："经营者向消费者提供商品或者服务，应当依照本法和其他有关法律、法规的规定履行义务。经营者和消费者有约定的，应当按照约定履行义务，但双方的约定不得违背法律、法规的规定。经营者向消费者提供商品或者服务，应当恪守社会公德，诚信经营，保障消费者的合法权益；不得设定不公平、不合理的交易条件，不得强制交易。"若有违反，经营者也可能要承担相应的法律责任。

第六，作为商家应当知道的是，当越来越多的商家要求用户或消费者提供押金或保证金时，也不容忽视"螳螂捕蝉，黄雀在后"的至理名言，这只"黄雀"就是电子商务平台。例如，针对租赁市场，《淘宝租赁市场管理规范》就规定"买家租用租赁商品须支付租金，并缴纳押金。卖家设置的押金不得高于商品市场公允价格。买家符合芝麻信用条件的，可选择免押金服务，免押金信用额度不足商品押金的部分，买家须补足剩余押金……归还的商品符合卖家设定归还条件的，押金退还买家。"所以，平台内的商家应当对平台规则有所了解，避免稀里糊涂就受到平台处罚，得不偿失。

1.2 案例说法

案例1 不履行退押金承诺，法院判决赔付

2015年9月26日，当事人何某使用在美团网团购的被告大象公司的一元租车券，向大象公司租用了一台标致308轿车使用，租赁时间为一天，共计交付租车押金5000元。何某使用过车辆后将租赁车辆完好无损归还给被告，但被告在约定的退还押金的时间内未能退还押金。法院审理认为，依法成立的合同，对双方当事人均具有法律约束力。本案何某与大象公司在租车单即车辆租赁合同中约定的租车时间、租金、车型、还车时间、押金的交纳及退还时间等内容均系双方当事人的真实意思表示，合同内容未违反法律及行政法规的强制性规定，合同合法有效，双方均应按照合同约定履行各自义务。何某已经依照双方约定履行了其合同义务，被告大象公司也应当依法履行其合同义务在何某还车后的22个工作日内退还何某押金，其至应诉时仍未退还押金的行为已违反双方约定，应当继续履行合同义务向何某退还押金。何某的该项诉讼请求有事实及法律依据，法院予以了支持。

由此可见，商家（平台内店铺）必须严格履行押金退还承诺，否则一旦涉诉几无胜算可能，另外也可能造成利息索赔损失、承担诉讼费用等损失。根据《电商法》，在该类平台内入驻并提供服务的商家也有可能被平台公示违法违约信息，这将对其造成扩大性的潜在损失。

案例2 经营失败不退押金，消协代提公益诉讼

2016年7月29日，被告广州悦骑信息科技有限公司（简称"广州悦骑公司"）成立。之后，被告广州悦骑公司通过开发的"小鸣单车"App向消费者提供"小鸣单车"服务。消费者使用被告广州悦骑公司的小鸣单车，需先下载手机App进行注册并交纳199元押金，退还押金只基于消费者申请，被告广州悦骑公司承诺在退押申请后的1~7个工作日内，押金予以原程序

退还。自2017年8月开始，原告广东省消费者委员会陆续收到消费者关于被告广州悦骑公司押金逾期未退还的投诉。截至2017年12月8日，原告广东省消费者委员会共收到消费者对被告广州悦骑公司的投诉2952次。故，广东省消费者委员会认为被告广州悦骑公司侵害了众多不特定消费者的合法权益，依法向广州市天河区人民法院提起消费民事公益诉讼。

最终，法院判决：（1）被告广州悦骑信息科技有限公司按承诺向消费者退还押金，如不能满足退还押金的承诺，则对新注册消费者暂停收取押金，同时在本判决生效之日起十日内，将收取而未退还的押金向"小鸣单车"运营地的公证机关依法提存，并向未退还押金的消费者公告；（2）被告广州悦骑信息科技有限公司于本判决生效之日起十日内，以公众足以知晓的方式向消费者真实、准确、完整披露押金收支、使用、退还等涉及消费者押金安全的相关机制和流程等信息，将披露内容向注册地公证机关进行公证，并向注册地市场监督管理部门备案；（3）被告广州悦骑信息科技有限公司于本判决生效之日起十日内，在《广州日报》A1版和广东省省级以上电视台发表经本院认可的赔礼道歉声明；（4）被告广州悦骑信息科技有限公司于本判决生效之日起十日内，向原告广东省消费者委员会支付调查取证、委托律师代理的合理费用共计23054元。

可见，商家绝不可小看消费者的力量，虽然消费者个体力量有限，但消费者仍然有权向消费者协会反映。一旦造成群体性事件，商家的不退押金事件会在更大范围内发酵，而且以后甚至会波及公司主要负责人，这就得不偿失了。

1.3　给商家的建议

商家在处理押金时，首先应当建立并公示押金规则，这不仅是对消费者的保护，其实也更是对自身进行商业经营的保护；其次，商家应当清醒地认识到商家所收取的押金只是保证金而不是预付款，所以绝对不可以擅自挪用或者拿去挥霍，否则就会引发更大的法律风险，用押金来赚钱并不是健康可持续的商业模式；再次，商家也应当不断引入更多、更丰富的消费者保证模式，如保险、个人信用等，这不仅可以提升消费者体验，也无形中提高了商家品牌的美誉度；最后，平台内的商家应当知悉平台对于其针对消费者所设置的押金规范，避免受到处罚而被扣分关店。

2 平台端押金的使用规范

2.1 条文解析

平台端的押金类型异常丰富，包括平台针对商家入驻时的押金、平台要求商家针对消费者权益而设置的保证金等。不同的押金类型，在电子商务领域适用时会有不同的规则，对相对弱势的商家而言都存在不同程度的影响。

《电商法》第五十八条 电子商务平台经营者与平台内经营者协议设立消费者权益保证金的，双方应当就消费者权益保证金的提取数额、管理、使用和退还办法等作出明确约定。

这一条款有争议的地方在于它的表达方式，即"电子商务平台经营者……的"，从文字表达来看，即如果设立了保证金的则须遵守保证金规则，如果没有设立的，则可以不适用，毕竟如果要求平台设立保证金，一般都会使用"电子商务平台经营者应当设立消费者权益保证金"这类措词。这样的措词其实是有依据的，例如《网络交易管理办法》第三十三条规定："鼓励第三方交易平台经营者设立消费者权益保证金……第三方交易平台经营者与平台内的经营者协议设立消费者权益保证金的，双方应当就消费者权益保证金提取数额、管理、使用和退还办法等作出明确约定。"这里也不是强制要求设立，而仅是鼓励。

值得注意的是，各个地方的法规可能会有不同的规定。例如，浙江省实施《中华人民共和国消费者权益保护法》办法（2017年新修订）第二十四条就规定，第三方网络交易平台提供者应当设立消费者权益保障金，并公开消费者权益保障金的管理和使用办法。因此，作为入驻电子商务平台的商家，不能因为《电商法》的表述并非强制而忽视了各地方法规要求设立消费者权益保障金的要求，从而造成误导。

《电商法》要求平台对保证金的提取数额、管理、使用和退还办法等做出明确约定，所以在平台设立保障金的情况下，商家仍然应当注意阅读并理解平台的保证金规则，特别是保证金的用途是仅针对消费维权还是平台有可能将保证金或押金也用到了平台处罚金中去，还包括平台押金会在何时发生扣除，商家是不是有权提出申诉，平台是否会以"存在虚假发货和订单缺货问题并在平台售假"等虚假理由为由扣除押金等。《网络交易管理办法》第三十三条规定："消费者权益保证金应当用于对消费者权益的保障，不得挪作他用，使用情况应当定期公开。"若平台有违反相关规则的行为，可以视为不公平竞争或违约行为，商家可以以格式条款违法为由向市场监管部门提出举报或投诉。

其实与之配套的条款还包括《电商法》第三十五条规定："电子商务平台经营者不得利用服务协议、交易规则以及技术等手段，对平台内经营者在平台内的交易、交易价格以及与其他经营者的交易等进行不合理限制或者附加不合理条件，或者向平台内经营者收取不合理费用。"

虽然上述条款中并没有使用"押金"相关的表达，但其实完全可以适用押金使用规范的场景。这个条款的意思是指平台在平台规则中不应当对交易附加不合理条件，例如在规则不透明的情况下对不同商家加以押金金额等方面的歧视性对待，或者要求交纳的押金明显不合理，或者变相要求平台内的商家交纳其他费用（例如必须购买订单险等保险产品形成强制购买）以代替押金，甚至商家也会遇到平台收取押金难退还等。一旦碰到此类情况，商家就可以援引这类条款以保护自己的合法权益。

2.2 案例说法

案例1 不懂押金规则，商家诉讼被驳回

2016年3月，原告在被告运营的某平台网站实名注册名称为"卡某"的网上店铺，经营饰品、手表销售等业务。2017年5月，被告联系原告，称原告虚假发货、缺货及售假并从原告账户内扣款20780元。原告认为关于赔付金的约定系"霸王"条款，原告入驻被告平台时，只能接受被告单方决定的协议内容，该条款应为无效。且被告送往鉴定的商品并不能证明系原告销售的商品，存在掉包的可能性。故原告诉至法院，要求被告返还其自原告店铺"卡某"账户内扣除的款项20780元及保证金793.87元，并按中国人民银行同期贷款利率赔偿上述款项自起诉之日起计算至实际返还之日止的利息损失。

但是，关于原告要求被告返还保证金的诉请，法院审理认为，被告虽已扣除19915元违约金，但未能按合同约定足额扣收，按协议约定，该部分保证金的性质已实际转化为赔付金。故原告要求被告返还保证金793.87元的诉请无事实及法律依据，法院对此不予支持。

从这个案件可以看出，商家在入驻电子商务平台时，查看平台的商家入驻协议该有多么重要，对这些对外发布的押金或保证金规则的条款也必须认真研读，避免诉讼后才发现问题。

案例2 误入非法保证金陷阱，亲人泪两行

被告人苏某于2009年7月，被告人陈某甲、朱某甲、张某甲、许某甲于2011年上半年间，先后以交纳保证金的方式注册成为江西精彩生活投资发展有限公司（简称江西精彩公司）下属太平洋直购官网的渠道商。太平洋直购官网以发展渠道商、会员及网上销售为经营模式。渠道商注册成功后，主要通过发展低层级渠道商，根据20%至71%不等的级差获取低层级渠道商所交纳的保证金返利。被告人陈某甲、朱某甲、苏某、张某甲、许某甲在成为江西精彩公司的渠道商后，为牟取非法利益，在广州市天河区等地通过组织召开招商会、网络、电话等方式传授传销手段，积极发展下线渠道商及会员。法院审理认为，被告人陈某甲、朱某甲、苏某、张某甲、许某甲组织、领导以推销商品、提供服务等经营活动为名，要求参加者以交纳费用或者购买商品、服务等方式获得加入资格，并按照一定顺序组成层级，直接或者间接以发展人员的数量作为计酬或者返利依据，引诱参加者继续发展他人参加，骗取财物，扰乱经济社会秩序的传销活动，情节严重，其行为均已构成组织、领导传销活动罪。

另据新闻媒体报道，某刷单平台为商家开展刷单业务。根据该平台规则，商家均需要事先交纳一部分费用作为押金，等平台刷单成功完成之后，平台会从中收取一定的手续费，再把押金费用返回给商家。但最终，这些商家遇到了骗子，押金都无法收回，所谓的刷单根本不存在。

其实，这样的情况在电子商务领域还有许多。很多针对电商商家的互联网诈骗，打着全额返、分销等旗号，要求商家先行交纳一定保证金或押金，商家可以有分红等。作为商家，业绩固然重要，但更重要的是要自己擦亮眼睛，不要从事违法刷单的事，更不要以为天上会掉馅饼而误入迷途。

案例3 善用平台规则，暂要取回保证金

2012年12月25日，某平台作为甲方与乙方某商家签订了《运营协议》。双方约定乙方在签订协议后7日内向甲方支付商品质量和服务保证金3万元，协议终止后，如乙方未发生违约行为，且未因违反国家法律法规而致使甲方遭受国家有关机关处罚、裁决赔偿等损失，乙方可向甲方提出书

面清户申请，甲方审核通过后3个月内将保证金余额归还乙方，乙方同意该保证金不计算利息；如乙方无故停止经营，甲方有权根据乙方违约情形扣除部分或全部保证金，甲方扣划保证金后，乙方应在接到甲方通知后3日内补齐，否则甲方有权自乙方销售款中扣划其余的保证金。后来，因某平台因故未退回保证金，故形成诉讼。

法院审理认为，《运营协议》约定，某商家签约后7日内交付的是商品质量和服务保证金，协议终止后，某商家未发生违约，且未因违反国家法律法规而致使某平台遭受国家机关处罚、裁决赔偿等损失，经申请，应予退还。根据该协议的附件《消费者保障服务协议》的解释，保证金是某商家根据约定缴存并授权某平台处置的用于赔付的资金；如某商家违约造成某平台损失，则平台可以扣保证金以获得赔偿；某平台如使用保证金获取赔偿，应书面通知某商家，说明赔付原因和赔付金额；协议终止后，双方有办理保证金退还等善后义务。现没有充分的证据证明某商家违约并给某平台造成被处罚、裁判赔偿等损失，也没有证据证明某平台曾通知过某商家以保证金对消费者等进行赔付。事实上，合同未到期该商家就已停止使用某平台继续进行交易，现约定的合同期限也已届满。故某商家要求某平台退还保证金，符合约定条件，法院予以支持。

从这个案例可以看出，平台规则总体上是对平台有利的，但只要商家合法经营，仍然是有机会争夺话语权以保护自身的合法权益的。

2.3 给商家的建议

商家在和各大电子商务平台打交道时，首先，要仔细阅读各个平台的入驻协议，关注其协议中关于押金或保证金的条款，从而做到心中有数，避免遇到被平台处罚时手忙脚乱；商家也要注意保存好各类电子商务平台的规则条文，避免其事后被修改后而无从查阅。其次，商家遇到"霸王"条款时，应当首先审视自己到底有没有违反平台规则；如果商家确实没有违反平台规则，则应当和平台取得沟通，保存沟通证据；商家也可以向有关市场监督管理部门进行情况反映，法院诉讼是最后的选择。最后，商家要对互联网中形形色色的商业模式进行有效甄别，不要因贪小便宜而轻信不良的赚钱模式，其结果将既得不到押金又触犯了法律，实在得不偿失。

三、电商平台的安全保障义务

电子商务的迅猛发展，使得越来越多的商品和服务出现在网络交易中，而电商平台作为一个撮合线上交易的场所，也应该承担相应的安全保障责任；尤其是对于涉及生命健康方面的产品和服务，保障安全应是第一要务。

当年，在《电商法》即将推出的同时，发生了滴滴顺风车乘客遇害的事件，滴滴平台所采取的乘客安全保障措施受到了社会的广泛关注和讨论。这些都反映出用户对于交易安全方面的迫切需求。《电商法》与《民法典》《消费者权益保护法》等一脉相承，对平台应提供的安全保障义务提出了具体要求。

1 条文解析

《电商法》第三十八条 电子商务平台经营者知道或者应当知道平台内经营者销售的商品和提供的服务不符合保障人身、财产安全的要求，或者有其他侵害消费者合法权益的行为，未采取必要措施的，依法与平台内经营者承担连带责任。对关系消费者生命健康的商品或者服务，电子商务平台经营者对于平台内经营者的资质资格未尽到审核业务，或者对消费者未尽到安全保障义务，造成消费者损害的，依法承担相应的责任。

要求1：平台主观上明知有安全隐患，但不采取措施，要与商家一起承担连带责任。

例如，后文"案例说法"将要提到的花椒直播的案例虽然不是发生在电商平台，但基本情况是相同的，法院也认为平台在明知或应当知道的情况下没有采取措施，需要承担相应责任。但《电商法》在这种情形下适用的责任更加严格，是连带责任而非补充责任，也就是说，平台要跟直接侵权的商家承担同样的责任，而不是商家承担主要责任，平台承担补充责任。

要求2：平台主观上不知道安全隐患，但对商家资质审核不严，或者没有履行安全保障义务，要视具体情况承担相应责任。

考虑到电商平台对平台内经营者的资质未尽到审核义务，或者对消费者未尽到安全保障义务的情况比较复杂，所以《电商法》规定平台"依法承担相应的责任"而非"连带责任"。

这条要求适用于关系到消费者生命健康的商品或者服务，我们熟知的食品、药品、保健品等都属于这类商品，《电商法》要求平台对经营这些商品的商家进行严格的经营资质审核。

2010年重庆消费维权直播晚会上，两家外卖平台就因为对入驻外卖平台的餐饮经营商家审核不严而被曝光，并且进一步受到了主管机关的行政处罚。

《民法典》第一千一百九十八条　宾馆、商场、银行、车站、机场、体育场馆、娱乐场所等经营场所、公共场所的经营者、管理者或者群众性活动的组织者，未尽到安全保障义务，造成他人损害的，应当承担侵权责任。

因第三人的行为造成他人损害的，由第三人承担侵权责任；经营者、管理者或者组织者未尽到安全保障义务的，承担相应的补充责任。经营者、管理者或者组织者承担补充责任后，可以向第三人追偿。

《民法典》第一千一百九十八条正式在立法层面上确认了我国的安全保障义务制度，总体来看，特定场所经营者需要对可能存在的安全隐患承担安全保障义务，例如酒店对因为地滑导致顾客摔倒而承担相应的责任等。

2　案例说法

案例 主播失手坠亡，平台担责

2017年11月8日，吴永宁在攀爬长沙华远国际中心时，失手坠落身亡。吴永宁有着"国内高空挑战第一人"的称号，曾拥有百万"粉丝"。

坠亡事件发生后，吴永宁的母亲起诉了密境和风公司旗下的直播平台"花椒直播"，她认为儿子攀爬是为了完成与平台签约所规定的任务，因此花椒直播对坠亡后果存在直接的推动和因果关系。

这个案件是我们目前了解到互联网平台对于用户的安全保障义务相关的第一个案例，北京互联网法院经审理认为，吴永宁上传"花椒直播"平台的视频大部分为高空危险视频，其在攀爬过程中未穿戴防护设备，也缺乏相应的安全保障。花椒直播在明知或应当知道视频内容具有危险性并可能产生风险的情况下，没有采取删除、屏蔽、断开链接等措施，未尽到安全保障义务。此外，花椒直播与吴永宁的商业合作对其持续进行危险活动起到了一定的促进作用，最终法院认定花椒直播应该对吴永宁的坠亡承担相应的网络侵权责任，但吴永宁本人应对其死亡承担主要的责任，直播平台所承担的责任是次要且轻微的，其赔偿吴永宁亲属各项损失共计3万元。

3 给商家和用户的建议

鉴于《电商法》等对平台安全保障方面的义务要求越来越严格，平台应该从多个维度认真落实自身的法定义务，包括：对食药保健等品类（与生命健康安全相关的都应该梳理，例如灭火器、婴童玩具等）的商家严格审核资质；出现了与安全有关的问题应当及时处置，下架有关商品，并且向主管单位汇报，及时止损；提升安全事件处置的优先级，如果为了保障安全需要对外披露隐私、个人信息等，也仍然应该以安全保障为优先选择，不能因为与其他合法权益存在冲突，就降低保障措施要求。

对于广大电商消费者而言，也有几点法律建议供其参考。

• 从事网购或者使用网络服务的消费者，应该提前对平台的安保措施进行了解。如在购买保健品之前，应当查看商家在平台上披露的经营资质，并且可以进一步到主管机关官网上进行查询比对。再如乘坐顺风车前，应先了解平台提供的求救途径等。

• 不要因为经济诉求、利益引诱等外部原因将自己和财产随意置于危险境地，前文提到的主播坠亡案就是典型的例子，法院认为涉事的主播应当对自己的生命安全负责，不能在不采取任何安全措施的情况下随意冒险，否则主要责任应该由自己承担。

• 多了解主管单位、法院、电商平台等提供的投诉、维权方式，这些官方和民间机构借助互联网提供了越来越便利的维权渠道，如互联网法院、平台在线仲裁等，消费者如果发现了安全隐患或者权益受到了侵害，可以第一时间有效维权，并且让维权行动控制在可以接受的成本范围内。这也是理性消费者在互联网时代的重要技能之一。

四、电商平台的先行赔付

在电商领域，除了淘宝网、京东商城等综合性的购物平台，还出现了许多基于细分领域的垂直平台，如专门销售母婴用品的平台、专门销售女装的平台等。电商平台数量的快速增加使得网购消费者有了更多的选择空间，但与此同时，很多平台由于运营时间短、片面追求高增长等，放松了对入驻商家的审查，导致一旦消费者与商家发生纠纷，平台往往无法提供商家的真实身份和有效联系方式，进而给消费者维权造成阻碍。

在这种情况下，《电商法》援引了《消费者权益保护法》中已经规定的"平台先行赔付"制度，在平台无法提供商家身份的情况下，消费者可以向平台主张先行获得赔偿。

1　条文解析

《电商法》第五十八条　国家鼓励电子商务平台经营者建立有利于电子商务发展和消费者权益保护的商品、服务质量担保机制。电子商务平台经营者与平台内经营者协议设立消费者权益保证金的，双方应当就消费者权益保证金的提取数额、管理、使用和退还办法等作出明确约定。消费者要求电子商务平台经营者承担先行赔偿责任以及电子商务平台经营者赔偿后向平台内经营者的追偿，适用《中华人民共和国消费者权益保护法》的有关规定。

可以看到，《电商法》没有对平台先行赔偿做重复性规定，而是引用和确认了《消费者权益保护法》中的有关规定，那么这个有关规定具体是怎样表述的呢？

《消费者权益保护法》第四十四条　消费者通过网络交易平台购买商品或者接受服务，其合法权益受到损害的，可以向销售者或者服务者要求赔偿。网络交易平台提供者不能提供销售者或者服务者的真实名称、地址和有效联系方式的，消费者也可以向网络交易平台提供者要求赔偿；网络交易平台提供者作出更有利于消费者的承诺的，应当履行承诺。网络交易平台提供者赔偿后，有权向销售者或者服务者追偿。网络交易平台提供者明知或者应知销售者或者服务者利用其平台侵害消费者合法权益，未采取必要措施的，依法与该销售者或者服务者承担连带责任。

《电商法》确保平台向消费者提供商家身份的规定落地，还规定了要求平台对入驻商家的主体身份信息进行核实的条款。如此一来，如果发生纠纷，平台就不能说自己没有掌握商家信息了。

这样的规定，实际上为消费者提供了网购维权双保险。毕竟相对于比较分散的商家而言，平台更稳定。一旦消费者因为平台的原因无法锁定商家，则可以直接向平台主张维权，这样就避免了找不到维权对象的尴尬。

那么，具体到实践中，平台先行赔付的规定是否能够得到落实？是不是在所有无法提供商家身份和有效联系方式的情况下，平台都需要先行赔付呢？从过往的法院判例中，我们可以看到法律的实际执行情况。

2 案例说法

案例1 平台无法提供商家身份，被判承担连带责任

在陈宇诉张玲、淘宝网服务合同纠纷一案（2016湘01民终4523号）中，买家陈宇向平台申请提供卖家身份和联系方式，但平台仅提供了卖家的姓名、身份证号码和注册手机号码，无法提供其地址。长沙中级人民法院二审认为，浙江淘宝网络有限公司未向陈宇提供张玲的地址，故陈宇可以向浙江淘宝网络有限公司要求赔偿。浙江淘宝网络有限公司赔偿后，有权向张玲追偿。

可见，如果平台无法提供商家的身份和联系方式，法院会要求平台先行赔付，然后平台再向商家追偿。也就是说《消费者权益保护法》和《电商法》在诉讼环节可以得到很好的贯彻落实。

案例2 平台提供了联系方式，但实际联系不上卖家，平台不承担责任

实际情况中，电商平台通常在商家入驻时验证其身份和联系方式，但商家注册完成后，信息可能发生变动，如果因此导致联系不到卖家，法院又将如何处理呢？我们注意到在买家吴某诉浙江淘宝网络有限公司一案（2015杭余民初字第756号）中，原告吴某主张被告浙江淘宝网络有限公司披露的卖家地址和联系方式不正确导致了本案适用公告送达，故要求被告

浙江淘宝网络有限公司承担连带赔偿责任。

法院认为，先行赔付责任的立法本意在于要求网络交易平台提供者对利用其网络开展经营活动的经营者的身份进行审查与核实，在消费者与经营者发生争议时能够向消费者披露经营者的真实身份和经营资质，以便消费者通过合法的途径进行维权。本案中，因卖家下落不明而适用公告送达，并不影响消费者通过诉讼途径进行维权。

另外一个买家李建林诉卓影商贸（潜江卓影商贸有限公司的简称）及浙江天猫网络有限公司案（2016鄂9004民初2551号）中，浙江天猫网络有限公司对商家的身份进行了审核，并向李建林提供了"卓影服饰专营店"的真实名称、地址和联系方式，但李建林与商家潜江卓影商贸有限公司无法取得实际联系，法院认为："如果潜江卓影商贸有限公司在线下修改、变更地址、联系方式或注销公司，并不在浙江天猫网络有限公司的控制范围之内，不能无限制地扩大浙江天猫网络有限公司作为网络服务平台的义务。浙江天猫网络有限公司尽到了相应的审核注意义务，不应承担相应的赔偿义务"。

由此可见，总体上法院并不过分苛责平台保证商家是能够被联系到的，毕竟在商业经营过程中，信息变动非常频繁，而《中华人民共和国民事诉讼法》又提供了公告送达制度，不会导致买家维权行动落空。这样的司法判决尺度还是符合平台经营实践的，它在保护消费者权益和降低平台经营成本负担之间找到了一个平衡点。

3 给平台和消费者的建议

对于平台而言，严格审核入驻卖家的身份、联系方式和经营资质是必须完成的法定义务；同时，《电商法》对此提出的要求是定期核验更新。关于这一点，平台应该积极与市场监督管理部门以及其他行政许可审批部门进行联系，争取获得商家通常的工商身份以及行政许可验证通道，保证在其信息出现变更时及时更新，避免因为数据没有及时更新导致消费者无法维权，进而承担连带责任。

对消费者而言，《电商法》实施后，不但要求平台必须对卖家的身份进行核实，同时要求卖家主动在经营页面的显著位置持续公示营业执照信息及与其经营业务有关的行政许可信息。这些要求不但针对公司等机构卖家，还覆盖大量的个人卖家（要求注册为个体工商户），因此在后续的维权过程中，消费者获取侵权卖家的主体身份将不再是一个难以逾越的障碍。

消费者可以在维权过程中明确提出，要求平台提供侵权人的身份和联系方式，否则将平台直接诉到法院也是不存在问题的。但需要注意的是，平台目前还不能保证提供的联系方式一定能够联系得上，这个时候公告送达是一个替代性的选择。

广告促销篇

///

《电商法》在广告方面的特殊规定也颇具互联网特色，针对在电商交易环境中日益普及的精准营销和定向推送的情况，《电商法》第十八条规定："电子商务经营者根据消费者的兴趣爱好、消费习惯等特征向其提供商品或者服务的搜索结果的，应当同时向该消费者提供不针对其个人特征的选项，尊重和平等保护消费者合法权益。"也就是说，电子商务经营者要保障消费者获得不针对个人特征的推送选项，避免出现严重价格歧视、信息不透明等问题。

同时，《电商法》第四十条规定："电子商务平台经营者应当根据商品或者服务的价格、销量、信用等以多种方式向消费者显示商品或者服务的搜索结果；对于竞价排名的商品或者服务，应当显著标明'广告'。"这一点针对的是电商中另一种典型广告——竞价排名类的广告，要求其对消费者给出明确告知，使消费者能够了解到这类广告与根据自然流量搜索获得的结果之间的区别。

这些针对性非常强的规定，既契合当前电商交易中网络广告的主流模式，同时又以保障消费者的知情权和选择权为出发点，对网络广告提出了相关的规制，具有很强的现实意义。

一、如何在电商广告中用专利

拥有专利权的商品往往能赢得消费者更多的信任，专利是这个商品区别于其他竞品的"独门利器"，它代表这个商品具备其他商品不具备的功能。电子商务从业者也经常将专利作为商品广告的核心卖点或者重要的推销点，以吸引消费者注意，赢得消费者的信任。

以格力为例，截至2019年1月，格力已累计申请专利49013项，其中发明专利22715项；格力拥有24项"国际领先"技术，获得国家科技进步奖2项、国家技术发明奖1项。在公布的第二十届中国专利奖获奖名单上，格力电器一举揽获12项大奖，包括空调领域唯一的发明专利金奖，连同1项外观发明专利金奖，将其拥有的中国专利金奖数量更新到了4件。2018年11月，"让世界爱上中国造"格力完美质量管理模式获第三届中国质量奖，以创新的质量管理模式问鼎质量管理之巅。得益于强大的技术创新实力和严格的质量管理方针，格力空调在市场竞争中也取得了亮眼的成绩。据日本经济新闻社统计，2017年，格力家用空调全球市场占有率达21.9%，至今已连续多年位居全球前列。

由此可见，专利产品在行业中产生的竞争力不容忽视。通过专利产品，商家可以有更多机会获得消费者认可和产品成功。

在我国，专利是依照《中华人民共和国专利法》（简称《专利法》）的规定，专利权人对其所获得专利的发明创造在法定期限内所享有的独占权或者专有权。专利分为发明、实用新型和外观设计三种类型。

《专利法》第二条　本法所称的发明创造是指发明、实用新型和外观设计。

发明，是指对产品、方法或者其改进所提出的新的技术方案。

实用新型，是指对产品的形状、构造或者其结合所提出的适于实用的新的技术方案。

外观设计，是指对产品的形状、图案或者其结合以及色彩与形状、图案的结合所作出的富有美感并适于工业应用的新设计。

1 在广告中表述专利的规范方法

1.1 条文解析

《广告法》第十二条 广告中涉及专利产品或者专利方法的，应当标明专利号和专利种类。

专利号是指专利申请人获得专利权后，在专利证书上载明的用以区别于其他专利的号码，每个专利号和每个专利是一一对应关系，一个专利号只代表一项专利。广告中要求标明专利号，可以便于消费者查询专利的真实性，同时也可以防止个别网店或网站商家"浑水摸鱼"，假冒他人专利误导消费者，损害专利权人的合法权益。国家知识产权局颁发的专利证书上专利号一般为：ZL（专利的首字母）+申请号。申请号是指专利申请人向国家知识产权局提出专利申请，国家知识产权局给予专利申请受理通知书，并给予专利的申请号。

专利种类有发明、实用新型和外观设计三种类型。由于三类专利在保护范围、进步要求、审查程序、审查周期等方面各不相同，因此其对于消费者的影响力也存在着差异。例如，对实用新型的专利申请规定了比发明专利更加简化的审批程序，对实用新型只进行初步审查，而对发明专利除了初步审查之外，还需要进行实质审查。实用新型专利一般6个月左右能够拿到专利证书，发明专利一般一年半左右能够拿到专利证书，因为发明专利的技术领域更广，不同技术领域的审查周期差别较大，有的技术领域可能需要2～3年，甚至更久。如果将不同技术领域的发明专利笼统地称为专利，可能会让不知情的消费者误解，不能分辨出创造性的不同以及"含金量"的差异。

例如，某品牌加热封口机的便携迷你微型手压式食品包装袋封口机广告中提到"180°专利旋/按钮"和"双热丝"专利技术，同一页面下方就注明了专利名称和对应的专利号，如图5-1所示。

① 双丝封口 201621096795.1 已授权　　② 多重防误加热 201621096531.6 已授权
③ 旋钮式开口功能 201621096517.6 已授权
发明专利2项、实用新型专利7项、外观设计专利1项、国际专利PCT

双热丝 专利技术　封袋效果如大机器
一按一拉，牢固封袋

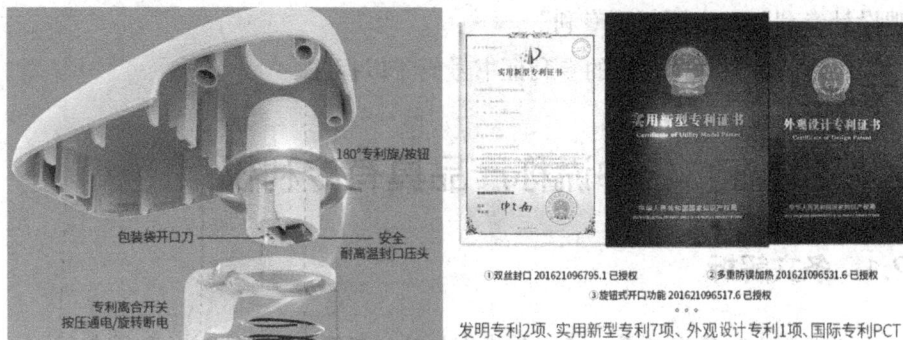

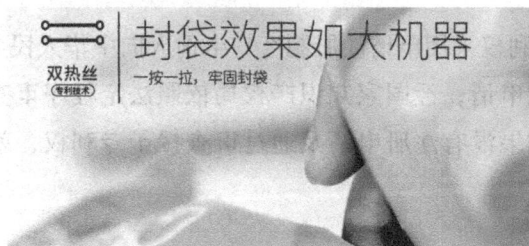

图5-1　某品牌产品的专利名称和对应的专利号

1.2　案例说法

案例　未标明专利号和专利种类受罚

北京××科文电子商务有限公司在其网站宣称两款三星空气净化器"拥有超净离子群，专利除菌技术，有效去除空气中的细菌"，称夏普空气净化器"净离子群专利主动除菌，五层滤网，全面净化"。这些广告宣传内容是北京××科文电子商务有限公司根据供货商提供的材料自行编写的，其中涉及专利的均未标明专利号和专利种类。北京市工商行政管理局东城分局认为，当事人的上述行为违反了《广告法》第十二条第一款的规定，属于广告中涉及专利产品或者专利方法的，未标明专利号和专利种类的行为。依据《广告法》第五十九条第一款第（三）项之规定，该分局责令当事人停止发布上述广告，并处罚款。

1.3　给商家的建议

如果广告文案中提到了专利方法或者专利产品，那么就应该在同一网页上标注出对应专利的专利号和专利种类。

一是不能笼统称为"专利"，而是要清晰表达出属于"发明专利""外观设计专利""实用新型专利"。

二是将对应已经授权的专利证书号码予以标注。

2 不得在广告中谎称产品具有专利权

2.1 条文解析

《广告法》第十二条 未取得专利权的,不得在广告中谎称取得专利权。

我国对于专利权采用申请注册制度,申请人向中华人民共和国国家知识产权局提出专利申请,经国家知识产权局依照法定程序审查批准后,才能取得专利权。如果没有注册申请及通过审查授予专利权,就不能说这个产品是"专利产品"。

2.2 案例说法

案例1 天猫网店产品广告中谎称取得专利权

永康市××工贸有限公司发布谎称取得专利权的虚假广告。当事人为提高其商品的专业度及市场竞争力,在没有取得专利权的情况下,擅自在其经营的天猫网"××居家日用专营店"店铺网页上发布虚构"实用新型专利证书""外观设计专利证书""拥有国家实验室标准的检测实验室"等内容的图片资料进行虚假宣传,该行为违反了《广告法》第十二条的规定,同时构成了《广告法》第二十八条所指的内容,属发布虚假广告的行为。永康市市场监督管理局根据《广告法》第五十五条、第五十九条规定,对当事人做出责令停止发布广告、罚款人民币1万元的处罚。

案例2 公司官网谎称"厂家专利"

2016年3月,鹤壁市××环保科技中心通过互联网媒介在其官方网站上发布该中心的宣传网页,在未申报任何专利的情况下,进行"厂家专利"的虚假宣传,属于《广告法》第十二条"未取得专利权的,不得在广告中谎称取得专利权"所禁止的行为。2017年9月,鹤壁市工商行政管理局淇滨分局责令当事人立即停止发布违法广告,消除影响,并处罚款5000元的行政处罚。

案例3 阿里巴巴网店油雾回收机滤筒谎称取得专利权

2018年8月，永印环创（天津）科技有限公司设立阿里巴巴网店，主要销售福森绿能科技股份有限公司生产的油雾回收机等产品。从网店设立开始，该商家就在该网店首页及"AF-30车间除油专用设备　环保工业油雾净化回收机　加工油雾收集器""AE-20机床废气油雾收集器　润滑吸附油雾收集器　切削液油雾收集器""AF-20中心移动处理油雾收集器　专用净化移动油雾回收净化器""AE-15磨削工业油雾收集机　机械式加工油雾收集器　CNC油雾收集器"4个销售网页中使用"专利滤筒""专利锥形过滤桶设计"的字样进行广告宣传。经查，当事人可提供油雾回收机的专利证书（证书号第4869218号），但不能提供油雾回收机附带的滤筒（滤桶）的专利证书，油雾回收机生产者福森绿能科技股份有限公司并未就滤筒（滤桶）申请专利。上述宣传用语系当事人自行制作、发布，谎称取得专利权。该广告行为满足"未取得专利权而在广告中谎称取得专利权"的行为的构成要件。2018年10月10日执法人员对当事人网店进行检查时，当事人已改正违法宣传行为。最终，天津市东丽区市场和质量监督管理局责令该公司停止发布违法广告，罚款1000元。

通过本案例可以看出，虽然永印环创（天津）科技有限公司阿里巴巴店具有油雾回收机专利证书，但其在广告文案中宣传的"专利滤筒""专利锥形过滤桶设计"并没有专利证书，这种情况也属于谎称取得专利权的一种情形。因此，经营者在网店产品介绍的文案撰写中要用词准确。

2.3　给商家的建议

作为商家，其不能在网页中虚构"实用新型专利证书""外观设计专利证书"骗取消费者的信任，也不能泛泛地说产品是"厂家专利"，这样做同时也会违反《广告法》，会收到罚单，还有可能构成假冒专利或者侵犯他人专利权的罪名。

3　禁止用正在申请中的专利和已经终止、撤销、无效的专利做广告

3.1　条文解析

《广告法》第十二条　禁止使用未授予专利权的专利申请和已经终止、

撤销、无效的专利作广告。

专利制度中专利申请是指申请人以书面形式请求国家专利管理机关授予发明创造专利权的法律行为，从提出申请到专利授权是有一个过程的，专利申请并不能表明一定能取得专利权。为了避免引起消费者误解，《广告法》第十二条禁止使用未授予专利权的专利申请进行广告。

已经授权的专利也有可能失去效力。失去效力的情形主要分为终止、撤销、无效。

专利权终止是指专利权效力的丧失。专利权终止包括期限届满终止和非期限届满终止。期限届满终止是指专利权人只是在专利有效期内享有专利权，有效期满，专利权自行失效，如发明专利权的期限为二十年，实用新型专利权和外观设计专利权的期限都是十年，均自申请日起计算。非期限届满终止有三种情形，一是专利权人未按期缴纳年费导致专利权终止；二是专利权人以书面形式声明放弃专利权；三是权利人死亡，无法定继承人继承该专利，该专利权视为自行终止。专利权的撤销与无效，根据《专利法》规定，自专利管理机关公告授予专利之日起六个月内，任何单位或个人认为该专利权的授予不符合本法有关规定的，都可以请求专利管理机关撤销该专利权；六个月后，请求专利复审委员会宣告该专利权无效。被撤销和宣告无效的专利权自此被视为不存在。

所以，专利权终止、撤销、无效后，原专利权人不再享有专利权，也不能用该专利进行广告。

3.2　案例说法

案例1　小米手机于2015年9月15日起在小米官网宣传中有小米4C手机边缘触控已申请46项专利的"黑科技"等文字表述的内容，而事实上，当事人只有专利申请号，尚未取得专利证书，当事人是在使用未授予专利权的专利申请进行广告。北京市海淀区市场监督管理部门在2016年1月向小米科技送达了《行政处罚告知书》，责令当事人立即停止发布违法广告，并罚款3万元。

案例2　2016年12月，当事人孙某在销售三八妇乐山药枸杞固体饮料产品的过程中，突出宣传包装盒上专利权利已经终止失效的"发明专利号：200410010140.3"信息，构成使用"已经终止、撤销、无效的专利作广告"

的行为，被市场监督管理部门依法处罚款4万元。

案例3 鲍舒颜于2014年12月17日获得"一种家用生活废水循环再利用系统"实用新型专利，至2017年4月25日终止该专利。2018年2月当事人在苏宁易购众筹平台销售津玥瑞云省力节水宝时，在商品页面宣传该产品取得了自循环系统专利认证。天津市河西区市场和质量监督管理局对其做出罚款1万元的处罚决定。

3.3 给商家的建议

（1）正在申请中的专利不能用于广告。如果是网店或者网站经营者自己的产品，专利正在申请过程中，网店或经营者就不要使用该内容作为广告内容。如果是从厂家进货而来的，网店或经营者需要将关于产品介绍的素材内容核实清楚；如果该产品专利还在申请过程中，暂时也不要用于广告内容里。

（2）终止、撤销、无效的专利不能用于广告。在宣传产品的广告内容中，如果使用专利内容，需要最终核实与确认该内容是否为已经授权的专利，不能是处于终止、撤销、无效等失效状态的内容。

二、在电商广告中合规使用数据

在电商广告中，广告内容中未标明数据来源与依据是广告违法的常见类型，很多网店在产品宣传页面中并不标注数据来源与依据，导致广告违法案件产生以及职业打假人"恶意索赔"现象出现。广告涉及"三百六十行"，每个行业都需要用数据、引证内容以增加广告内容的说服力，商家也希望通过这些广告内容赢得消费者的信任。但是有些不良商家在广告内容中介绍了一些不真实、不准确的内容，或者通过不完整表述隐瞒对广告主商品的负面内容，从而使消费者产生了误解。

1 条文解析

《广告法》第十一条 广告内容涉及的事项需要取得行政许可的，应当与许可的内容相符合。

广告使用数据、统计资料、调查结果、文摘、引用语等引证内容的，应当真实、准确，并标明出处。引证内容有适用范围和有效期限的，应当明确表示。

广告中数据的引用属于引证内容的一种。总体要求是：真实、准确并标明出处。如果数据有适用范围或者有效时间范围，需要明确说明。下面我们通过案例来分析应注意的要点。

2 案例说法

案例1 广州宝洁公司"Olay Pro-X纯焕方程式特护修纹眼霜"化妆品广告中出现了"PROX全效眼霜，28天解决5大问题……超过30万人已见证效果，90%的人决定继续使用"等不客观、不准确的数据，且未标明出处，违反了《广告法》第十一条的规定。

对于产品市场效果的数据，应由具有科学权威的市场调查得出。统计类数据和调查类数据应具有广泛性，如果使用抽样方法，抽样应当具有代表性和普遍性。

案例2 福州市仓山区快乐宝贝母婴用品有限公司发布虚假广告。该公司于2018年8月在阿里巴巴国际站上发布在售儿童安全座椅宣传广告中有"可承受4000N以上的冲击"等内容，但没有标明其中所使用数据的出处，也无法提供该数据的合理出处，违反了《广告法》第十一条的规定。依据《广告法》第五十九条规定，2018年11月，福州市仓山区市场监督管理局做出行政处罚，责令当事人立即停止发布违法广告，并处罚款2000元。

广告中使用的数据如果来源于实验室，需要说明实验室机构的名称，实验测量方法应具有可信度。另外，实验室测验数据应该可复现和验证。如果测试环境等要素属于特定情况，需要注明数据的实现条件。

案例3 欧兰普电子科技（厦门）有限公司涉嫌广告违法。该公司在京东平台商品页面上宣传"美国、日本、欧洲三大市场加湿器出口占有率遥遥领先"，但未标明引证数据的出处，且无法证明引证内容的真实性。该公司的行为违反了《广告法》第十一条的规定。2018年5月，厦门市翔安区市场监督管理局做出行政处罚，责令该公司停止发布广告，处以35000元罚款。

对于商家广告宣传中使用的一些市场占有率领先的描述或者其他说明市场地位的广告内容，应该注明数据统计来源依据、时间段及范围，不能隐瞒限制和扩大范围。

有时，电商广告策划人员及文案人员为了表明广告商品的受欢迎程度，会虚构商品已经售出多少的数据，以营造商品受人追捧的现象。如果将销量作为广告宣传的内容，就需要明确说明在什么时间段、通过什么平台销售了多少，这是需要通过注释来说明数据来源的，而不能直接说热销多少套，不注释数据来源、依据、范围等。

案例4 某电商的一款LED吸顶灯改造灯板的广告宣称，该商品已经销售18588套。经过核实，该数据未经统计或者证实，不真实，不准确，也未标明出处，最终该电商被市场监督管理部门处罚6000元。

3 给商家的建议

一是数据、统计、调查结果应真实准确，不能出现虚假内容。如果使用数据是通过实验而来或者测量而来，应该具体说明测量机构的名称，且这些测量机构或者实验机构应当具有一定的可信度。

二是应标明出处，对于数据，要在同一广告页中标明出处；另外，这些数据必须有据可查，不能歪曲或者修改。

三是如果涉及时间、平台、地域等限定范围，例如，"某个时间段在某个平台销量前三名"，不能隐去"某个时间段"和"某个平台"的限制。例如，"经过淘宝平台统计2017年'双11'促销期间饮料行业销量第三"，如果广告主简化为淘宝平台销售前三名，将限定范围隐去，实际上就是扩大了广告数据的支撑作用，属于违法行为。另外，对于测试类数据，如果这些数据在某些限定条件下才能实现，这时商家必须明确实现条件，不能隐瞒；因为如果隐瞒限定条件，受众会误认为它是普遍适用的。

有些广告页面中，将数据用角标的方式注释在广告中，最后在这个网页底栏依次注明这些数据的来源和依据，是一种非常好的方式，既保持了页面的整体统一，也不违反《广告法》，如图5-2所示。

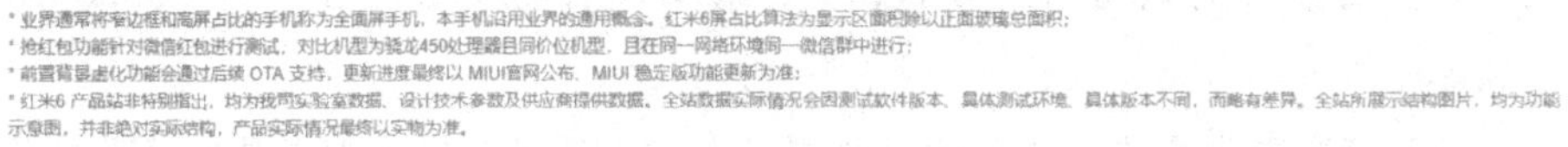

* 业界通常将窄边框和高屏占比的手机称为全面屏手机，本手机沿用业界的通用概念。红米6屏占比算法为显示区面积除以正面玻璃总面积；
* 抢红包功能针对微信红包进行测试，对比机型为骁龙450处理器且同价位机型，且在同一网络环境同一微信群中进行；
* 前置背景虚化功能会通过后续 OTA 支持，更新进度最终以 MIUI官网公布，MIUI 稳定版功能更新为准；
* 红米 6 产品站非特别指出，均为我司实验室实验数据、设计技术参数及供应商提供数据，全站数据实际情况会因测试软件版本、具体测试环境、具体版本不同，而略有差异。全站所展示结构图片，均为功能示意图，并非绝对实际结构，产品实际情况最终以实物为准。

图5-2 网页底栏标注

三、在电商广告中如何合规使用"绝对化"用语

2015年9月1日，新修订的《广告法》的实施，引发了大家关于"最"字头绝对化广告的大讨论。其实，这一规定并不是2015年新修订的《广告法》实施后才开始有的，在1995年2月1日实施的《广告法》中就已经对绝对化广告做了限制，新修订的《广告法》只是将1995年2月1日实施的《广告法》的第七条第三项变为新修订的《广告法》的第九条第三项，即规定广告中不得使用国家级、最高级、最佳等用语。

这一法条的立法本意是：商家提供的商品和服务各有特点，很难通过比较找出谁是最好的，而且国家也没有明确的标准能界定商品的最佳、最好、最高级、国家级等的水平。如果在广告中使用这些词汇，不仅可能对消费者产生误导，而且对于其他商家来说也是不公平的，容易引发不正当竞争。

在电子商务行业里，很多网店都曾因在广告中使用最大、最佳、世界级等"绝对化"词语而被处罚，网上也有很多版本的绝对化用语词库；但如果说凡是违禁词库里的词都不能在广告中用，其实这也并不准确。举个例子，新款iPhone手机的广告语是："A11仿生，iPhone有史以来最强大、最智能的芯片"，这就是一条合法的广告。因为该广告语只是说明A11这款芯片是该苹果公司历史上做得最好的芯片，该条广告语只是与苹果自己的商品进行比较，并没有与其他企业的商品比较，更没有说该商品是市场上最好的商品。所以，绝对化用语是否违法要放在广告的语境中进行分析，而不是只看是否使用了绝对化词语。

1 条文解析

《广告法》第九条 广告不得有下列情形：

（三）使用"国家级""最高级""最佳"等用语；

《广告法》第五十七条　有下列行为之一的，由工商行政管理部门责令停止发布广告，对广告主处二十万元以上一百万元以下的罚款，情节严重的，并可以吊销营业执照，由广告审查机关撤销广告审查批准文件、一年内不受理其广告审查申请；对广告经营者、广告发布者，由工商行政管理部门没收广告费用，处二十万元以上一百万元以下的罚款，情节严重的，并可以吊销营业执照、吊销广告发布登记证件：

（一）发布有本法第九条、第十条规定的禁止情形的广告的；

在经济社会里，事物总是在不断发展变化的。在商品广告中使用最高级、国家级等绝对化用语，其实也是违背经济社会的客观规律的。因为即使某个商品现在使用了最好的技术，但是在该商品广告发布期间就可能有新的技术超越它，所以《广告法》才明确禁止在广告中使用"国家级""最高级""最佳"等词语。《广告法》中使用不完全列举的例示性方式进行了表述，在实际执行中，我们需要根据个案具体使用的词语以及使用情形来进行判定。另外，国家市场监督管理总局个案批复中（《关于"极品"两字在广告语中是否属于"最高级""最佳"等用语问题的答复》），还明确认定过"极品""顶级""第一品牌"属于本规定禁止使用的词语。

2　案例说法

案例1　上海时代天使实业有限公司为其关联企业"天使口腔门诊"提供管理和广告宣传服务，天使口腔官网中有"全球CAD/CAM第一品牌""采用国际顶级品质烤瓷材料""产品占有中国市场70%以上的份额""××种植系统生物相容性好，无毒无副作用……"等内容，构成违法使用禁止性用语、违法使用无法验证的统计资料、违法使用表示安全性的断言等广告违法行为，被依法处罚款20万元。

案例2　江西省某房地产开发有限公司在其设立的微信公众号上发布题为《巨商云集　赣州迎来史上最强开发商阵容》等广告中，均大幅宣传"赣南电商城九宗最"：最核心的地段、最强阵容开发商、最盈利电商商业模式、最专业管理团队、最发达的交通物流、最前瞻经营规划、最齐全成熟配套、最高端升级产品、最丰富电商资源。当事人的行为违反了《广告法》不得使用绝对化用语的规定。根据《广告法》和《中华人民共和国行政处罚法》之规定，赣州市市场监督管理部门依法责令当事人停止发布违法广告，并处罚款40万元。

案例3 杭州市上城区南星市场监管所查处网络经营违法行为，根据《广告法》针对某公司京东网店使用"顶级选材""顶级头路绒""国内最顶级羊绒加工商"等绝对化用语进行广告宣传的违法行为，做出了罚款20万元的行政处罚。这是该区首次适用新修订的《广告法》对该类违法行为做出的处罚。

3　给商家的建议

《广告法》规定，不得在广告中使用"'国家级''最高级''最佳'等用语"，但是这并不等同于全面禁止绝对化用语。要做到广告用语不违法，就需要商家深入了解法条内涵，精准把握合规要领。下面为大家介绍常见的绝对化用语合规例外情况。

（1）用广告表达企业的理念、目标、追求时，用来描述企业的愿景或者将来的语句中可以含有绝对化用语，如"追求极致安全""力争行业领先"等。图5-3中的广告语"追求卓越　永争第一"是用来表达企业理念的，并没有说该企业已经是行业第一了，所以该广告不违反《广告法》。

图5-3　"永争第一"不违反《广告法》

（2）广告语用于对同一产品、同一企业的内部描述时，如某产品系列或者某企业最新产品、某顶配机型、最大尺码、最小户型等，在限定范围明确且客观真实的情况下可以合法使用绝对化用语。例如，图5-4中的广告语"小米Note顶配版"，"顶配"这个词在图5-4的语境下属于对同一品牌的内部描述，不属于绝对化用语的违法广告用语。

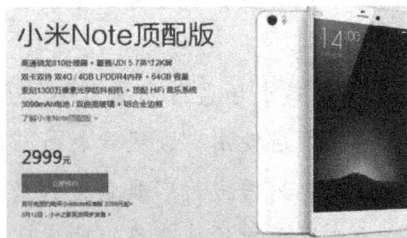

图5-4　"顶配"不违反《广告法》

（3）仅用于通过广告来宣传本产品使用的最佳方法、最佳时间时，不属于使用绝对化用语的违法广告。

2017年南京市雨花台区人民政府审理终结一起绝对化用语广告的行政复议。某款宠物用品网页广告中商品详情页面的适用尺码栏内，标注了"S号【5斤内用最佳】、M号【8斤内用最佳】、L号【12斤内用最佳】"。市场监督管理部门经过调查，认为该"最佳"用语不属于《广告法》禁止使用的绝对化用语，在2016年12月30日做出不予立案的答复。举报人向南京市雨花台区人民政府申请行政复议，认为该广告语违反新修订的《广告法》第九条规定：广告不得使用"最佳"用语。理由是：这一法律规定在《广告法》的任一条款里并没有规定使用范围，而是直接不能使用"最佳"用语。也就是说，这一法律条款的规定是直接禁止使用"最佳"用语，是坚决禁止使用"最佳"用语的。如果在该类情形下可以使用"最佳"，或者使用了"最佳"不违法，绝对有违《广告法》的立法精神，有违《广告法》第九条的绝对禁止使用。

复议决定书中是这样写的：被举报人销售的上述产品按照尺寸大小，分为S、M、L三种型号，当事人在商品详情页面适用尺码栏内的标注是对不同体重的宠物适用其三种型号产品的解释说明和选择建议。此种使用不是针对商品本身的质量、功能，也无贬低其他同类商品的意思表示，故当事人的使用并无不当，不会对消费者产生欺骗和误导。参照南京市市场监督管理部门的指导意见，被申请人认为被举报人的行为并未违反《广告法》第九条。限定范围最佳方法类不属于违法的绝对化用语。上述答复可以说是一次非常清晰明确的答复，明确了不属于绝对化用语广告的原因。

（4）真实且有限定条件的表述不属于绝对化用语广告，如全网首发、某个产品在某个时间段销量第一、独家代理、唯一授权等。

图5-5中的广告语指出，HEAD划船机明确连续2年天猫"双11"、2017年天猫"6·18"划船机热销品牌榜第一，且标明了数据出处来自官方生意参谋数据统计，这里绝对化用语"第一"可以使用。

图5-5　真实且有限定条件的表述不违反《广告法》

图5-6中，该网店销售的《考拉小姐与桉树先生》一书，如果确实是全网首发，则"全网首发"一词可以使用。

图5-6　"全网首发"不违反《广告法》

四、促销活动广告的基本要求 和合规要点

大家对促销广告肯定非常熟悉。电商行业每年都会举办大量的促销活动，除了"双11""6•18"等大型的集中促销活动外，还有针对各种节日的专题促销活动，如春节年货促销、情人节促销、三八妇女节专场等，以及各个品牌举办的促销活动、平台某品类商品的专题促销等。也因此，各类促销广告在各大电商平台几乎天天可见，它是电商广告中非常常见的一种广告形式。促销广告可以分为买赠促销广告、抽奖促销广告、直接降价促销广告等多种形式。

促销活动是电商平台或者商家非常常规的经营活动，同样，促销活动广告内容是否合规也是电商法务合规问题的常规问题。下面我们就来一起梳理电商促销活动广告的合规要点。

1 促销活动规则要明确时间、参与资格和促销内容

1.1 条文解析

《电商法》第十七条 电子商务经营者应当全面、真实、准确、及时地披露商品或者服务信息，保障消费者的知情权和选择权。电子商务经营者不得以虚构交易、编造用户评价等方式进行虚假或者引人误解的商业宣传，欺骗、误导消费者。

上述条款是对电子商务经营者保障消费者知情权和选择权的法律规定。

《广告法》第八条 广告中对商品的性能、功能、产地、用途、质量、成分、价格、生产者、有效期限、允诺等或者对服务的内容、提供者、形式、质量、价格、允诺等有表示的，应当准确、清楚、明白。

广告中表明推销的商品或者服务附带赠送的，应当明示所附带赠送商品

或者服务的品种、规格、数量、期限和方式。

法律、行政法规规定广告中应当明示的内容，应当显著、清晰表示。

《消费者权益保护法》第八条　消费者享有知悉其购买、使用的商品或者接受的服务的真实情况的权利。

《零售商促销行为管理办法》第十三条　零售商开展有奖销售活动，应当展示奖品、赠品，不得以虚构的奖品、赠品价值额或含糊的语言文字误导消费者。

第十四条　零售商开展限时促销活动的，应当保证商品在促销时段内的充足供应。

零售商开展限量促销活动的，应当明示促销商品的具体数量。连锁企业所属多家店铺同时开展限量促销活动的，应当明示各店铺促销商品的具体数量。限量促销的，促销商品售完后应即时明示。

第十六条　零售商不得虚构清仓、拆迁、停业、歇业、转行等事由开展促销活动。

《规范促销行为暂行规定》第十三条　经营者在有奖销售前，应当明确公布奖项种类、参与条件、参与方式、开奖时间、开奖方式、奖金金额或者奖品价格、奖品品名、奖品种类、奖品数量或者中奖概率、兑奖时间、兑奖条件、兑奖方式、奖品交付方式、弃奖条件、主办方及其联系方式等信息，不得变更，不得附加条件，不得影响兑奖，但有利于消费者的除外。

在现场即时开奖的有奖销售活动中，对超过五百元奖项的兑奖情况，应当随时公示。

第十四条　奖品为积分、礼券、兑换券、代金券等形式的，应当公布兑换规则、使用范围、有效期限以及其他限制性条件等详细内容；需要向其他经营者兑换的，应当公布其他经营者的名称、兑换地点或者兑换途径。

第十五条　经营者进行有奖销售，不得采用以下谎称有奖的方式：

（一）虚构奖项、奖品、奖金金额等；

（二）仅在活动范围中的特定区域投放奖品；

（三）在活动期间将带有中奖标志的商品、奖券不投放、未全部投放市场；

（四）将带有不同奖金金额或者奖品标志的商品、奖券按不同时间投放市场；

（五）未按照向消费者明示的信息兑奖；

（六）其他谎称有奖的方式。

1.2 案例说法

案例1 亚马逊某次促销活动的活动规则

图5-7为亚马逊某次促销活动的活动规则，其在活动时间、参与资格、促销范围、限制条件等方面的阐述比较全面，可作为日常促销活动的参考。

图5-7 亚马逊某次促销活动的活动规则

一是需要明确指出开始和截止的具体时间，最好能具体到秒。例如，2018年11月10日上午10:00开始，截至2018年11月10日23:59:59前（不含24:00:00以后时间）。为什么要精确到秒呢？因为互联网店铺的营业时间与传统营业时间不同，很多商家24小时都在营业中，如果促销活动说明中只写明了促销活动的日期，没有具体到秒，假设商家在促销活动当天晚上8点就结束了促销活动，就人为地排除了在晚上8点至晚上12点这个时间段消费者参与促销活动的权利，容易引发举报和纠纷。

二是需要明确抽奖活动的参与资格。例如，具有活动参与资格的是自然人还是注册账号。因为在互联网活动中，在商家面前显示的是ID或者账号，那么如果一个人有多个账号，是否就有资格参与多次促销活动，这需要提前说明清楚。

案例2 某洗发水促销广告称某商品的促销优惠是"买一赠一"，但消费者实际购买后才知道，买1000毫升一瓶装该商品赠送的赠品是100毫升一瓶装该商品，这一点在促销广告中并没有明确说明。这种广告行为就涉嫌违反《广告法》第八条的规定了。

如果"买一赠一"中赠送的商品或者服务并非广告宣传中的商品或者服务，应该明确赠送的商品或者服务的具体内容，例如，要明确规格，"买1000毫升洗发水赠送一瓶100毫升同类别洗发水"，在这里明确了赠品规格是100毫升同类别洗发水。

案例3 某网店商家准备做一个促销活动，时间为一周，奖品是随机抽出来的，共设置一等奖5名，奖品是液晶电视；二等奖15名，奖品是加湿器。获奖名单在活动结束后进行公示。

在上述案例中，商家没有在活动说明中明确奖品液晶电视和加湿器的品牌和型号。另外，如使用即开式抽奖，还要进行阶段性公示，告知消费者已经抽出来的奖品等级、数量，以及剩下奖品的等级和数量，从而避免引起消费者的误会。

1.3 给商家的建议

一是奖项设置要明确奖品品牌、型号等具体内容，避免引起消费者误会。

二是明确奖项数量，不能使用"纪念奖若干"这种表达方式。

三是要明确开奖的时间及获奖名单公布方式，还要明确奖品的发放方式。

四是促销活动不能虚假打折，不能虚构清仓、拆迁、停业、歇业、转行等事由开展促销活动。开展限时类促销活动的，如抢购、秒杀等，应当保证商品在促销时段内的充足供应，不能虚构活动内容，欺骗消费者；开展限量促销活动的，销售完毕后应当及时明示，不能虚假标注数量而实际并没有准备对应数量的商品，这样做会涉嫌构成虚假广告内容。我们常见的促销活动中，整体活动促销的价值也容易被夸大，从而构成虚假广告，例如，"双11"某网站组织千万红包大派送，网站同样需要提供相应的证据，以证明该促销信息的真实性。

五是对促销抢购活动中"黄牛党""羊毛党"的应对方式和建议。在网络促销活动中，有人会用机器批量抢购某些商家的促销产品，这些人被称为"黄牛党"或"羊毛党"。他们通过使用机器批量注册账号、用机器刷奖等方式，模拟人的行为去抢购网站或者店家低价促销的商品，然后再将这些商品倒手出售获得利润。

对此，商家在促销规则中需要明确：使用辅助程序等非人为操作方式或利用平台技术漏洞等方式参与促销活动的，取消其中奖资格。例如，如果中奖人为同一手机号码、同一或者近似地址、同一IP、同一邮箱等情况时，如有证据证明参与人是通过上述非人为操作购买或者中奖的，就可以直接不支持其购买或者抽奖等行为。

2 抽奖类活动的奖品不能超过 50000 元

2.1 条文解析

《反不正当竞争法》第十条 经营者进行有奖销售不得存在下列情形：

（一）所设奖的种类、兑奖条件、奖金金额或者奖品等有奖销售信息不明确，影响兑奖；

（二）采用谎称有奖或者故意让内定人员中奖的欺骗方式进行有奖销售；

（三）抽奖式的有奖销售，最高奖的金额超过五万元。

《国家工商行政管理局关于有奖促销中不正当竞争行为认定问题的答复》

北京市工商行政管理局：

你局《关于如何认定企业在促销活动中是否利用有奖销售进行不正当竞争问题的请示》（京工商文字〔1999〕34号）收悉。经研究，答复如下：

《反不正当竞争法》规定经营者不得从事奖励金额超过5000元的抽奖式有奖销售，其根本目的是禁止经营者利用消费者的投机心理来诱导消费者的市场选择，以鼓励和促进经营者开展质量、价格、服务方面的公平竞争，维护市场竞争秩序。请示中反映的一些经营者在促销活动中，以轿车的使用权、聘为消费顾问并给予高薪等方式作为奖励推销商品，或者利用社会福利彩票、体育彩票设置的高额奖励来销售商品，这些行为都极易诱发消费者的投机心理，影响和干扰消费者正常选择商品，妨碍质量、价格和服务等方面的公平竞争，不利于市场竞争机制的建立，不正当竞争的恶性明显。尽管这些行为的名目和表现形式复杂多样，但都属于典型的企图规避法律的做法，其本质上仍属于《反不正当竞争法》第十三条第（三）项规范的不正当竞争行为。因此，同意你局意见，在抽奖式有奖销售中，下列行为构成不正当竞争。

（1）经营者以价格超过5000元的物品的使用权作为奖励的，不论使用该物品的时间长短。

（2）经营者以提供就业机会、聘为各种顾问等名义，并以解决待遇、给付工薪等方式设置奖励，不论奖励现金、物品（包括物品的使用权）或者其他经济利益，也不论是否要求中奖者承担一定义务，最高奖的金额（包括物品的价格、经济利益的折算）超过5000元的。

（3）经营者单独或与有关单位联合利用社会福利彩票、体育彩票设置奖励推销商品，最高奖的金额超过5000元的。

对上述行为，应按《反不正当竞争法》和国家工商行政管理局《关于禁止有奖销售活动中不正当竞争行为的若干规定》调查处理。

1999年4月5日

注释：修改前的《反不正当竞争法》规定的最高奖金金额是5000元，现在最高限额是50000元。

《规范促销行为暂行规定》第十七条　抽奖式有奖销售最高奖的金额不得超过五万元。有下列情形之一的，认定为最高奖的金额超过五万元：

（三）以物品使用权、服务等形式作为奖品的，该物品使用权、服务等的市场价格超过五万元。

2.2　案例说法

<u>案例</u>　某房地产公司将促销商品房活动的抽奖奖品设置为宝马120型号汽车1年的使用权。该公司认为该车型汽车1年的使用权市场租赁价格没有超过《反不正当竞争法》规定的50000元，所以不存在违法行为。

关于抽奖奖品设置为汽车使用权的违法问题，按照《规范促销行为暂行规定》执行。

2.3　给商家的建议

带有随机、偶得性质的抽奖式活动最大单个奖项不得高于50000元，这是《反不正当竞争法》最新的要求。但是如果不具有偶得因素，就不属于此类抽奖。按照《规范促销行为暂行规定》第十一条　本规定所称有奖销售，是指经营者以销售商品或者获取竞争优势为目的，向消费者提供奖金、物品或者其他利益的行为，包括抽奖式和附赠式等有奖销售。

抽奖式有奖销售是指经营者以抽签、摇号、游戏等带有偶然性或者不确定性的方法，决定消费者是否中奖的有奖销售行为。

附赠式有奖销售是指经营者向满足一定条件的消费者提供奖金、物品或者其他利益的有奖销售行为。经政府或者政府有关部门依法批准的有奖募捐及其他彩票发售活动，不适用本规定。

抽签、摇号是典型的抽奖式有奖销售方式，但抽奖式有奖销售并不限于这些方式。在有奖销售中，凡以偶然性的方式决定参与人是否中奖的，均属于抽奖式有奖销售。原来，按照《国家工商行政管理局关于有奖促销中不正当竞争行为认定问题的答复》的口径，经营者以价格超过5000元的物品的使用权作为奖励的，不论使用该物品的时间长短，构成不正当竞争。按照2020年12月1日实施的《规范促销行为暂行规定》第十七条，对此类情况进行调整，调整为按照该物品使用权市场价格核算，而不是原有按照该商品市场销售价格进行核算。这样，在抽奖类有奖销售中，低于50000元销售价格的汽车和汽车租赁市场价格不超过50000元的使用权都可以作为奖品。也就是说，目前对于50000元以下商品的使用权是可以作为抽奖活动的奖品。

3 "无购物"抽奖活动属于有奖销售行为

3.1 条文解析

《规范促销行为暂行规定》第十二条 经营者为了推广移动客户端、招揽客户、提高知名度、获取流量、提高点击率等，附带性地提供物品、奖金或者其他利益的行为，属于本规定所称的有奖销售。

3.2 案例说法

案例 某商家在网站、微博、微信等网络媒体上举行有奖竞猜、转发抽奖等活动，类似情况还有直播答题类型的活动。

这类活动是否属于有奖销售活动呢？在传统商业销售活动中，有一种销售活动被称作"无购物抽奖"。例如，超市开业，为了招揽更多人气，只要消费者进门就能参与抽奖，而且最高奖的价值很高，如价值20万元的汽车一辆，这种促销活动就被称为"无购物抽奖"。虽然电子商务的这类活动表面上没有产生商品或服务销售，但属于经营者为了提升网站注册用户数量、App下载量、微博和微信关注量的活动，其实等同于具有商业价值的有奖销售活动，仍应被认定为是有奖销售活动。

3.3 给商家的建议

商家举办抽奖活动时，设置的最高奖项价值不能超过50000元。商家举办无购物抽奖活动时，如果有给商家增加流量、增加关注度等其他方面的经济利益行为，当抽奖的最高奖项价值超过50000元时，商家也会涉嫌违法。

4 促销活动表述商家有最终解释权涉嫌违法

4.1 条文解析

《合同违法行为监督处理办法》第十一条 经营者与消费者采用格式条

款订立合同的，经营者不得在格式条款中排除消费者下列权利：

（一）依法变更或者解除合同的权利；

（二）请求支付违约金的权利；

（三）请求损害赔偿的权利；

（四）解释格式条款的权利；

（五）就格式条款争议提起诉讼的权利。

《侵害消费者权益行为处罚办法》第十二条　经营者向消费者提供商品或者服务使用格式条款、通知、声明、店堂告示等的，应当以显著方式提请消费者注意与消费者有重大利害关系的内容，并按照消费者的要求予以说明，不得作出含有下列内容的规定：

（一）免除或者部分免除经营者对其所提供的商品或者服务应当承担的修理、重作、更换、退货、补足商品数量、退还货款和服务费用、赔偿损失等责任；

（二）排除或者限制消费者提出修理、更换、退货、赔偿损失以及获得违约金和其他合理赔偿的权利；

（三）排除或者限制消费者依法投诉、举报、提起诉讼的权利；

（四）强制或者变相强制消费者购买和使用其提供的或者其指定的经营者提供的商品或者服务，对不接受其不合理条件的消费者拒绝提供相应商品或者服务，或者提高收费标准；

（五）规定经营者有权任意变更或者解除合同，限制消费者依法变更或者解除合同权利；

（六）规定经营者单方享有解释权或者最终解释权；

（七）其他对消费者不公平、不合理的规定。

4.2　案例说法

案例1　北京市通州区市场监督管理局执法人员在执法中发现梨园镇一家健身俱乐部在会员卡背面印有"此卡一经出售不退、不换、不延期""此卡最终解释权归健身俱乐部所有"等字样。通州区市场监督管理局对其正式立案。这家健身俱乐部被处以1万元以内的罚款。"本店拥有最终解释权""最终解释权归本公司所有"，一些商家原本希望用"最终解释权"为自己免责，却换来了市场监督管理部门的罚单。

案例2　重庆市万州区市场监督管理部门执法人员在监管巡查中发现，

位于辖区的一家药店的玻璃墙上，张贴着一幅会员积分兑换告示，内容为："我店会员日为每月20日，会员日当天除可兑换礼品外还可享受打折优惠。所有奖品以本店实物为准，最终解释权归药店所有。"执法人员认为该告示涉嫌违反了《侵害消费者权益行为处罚办法》的相关规定，开展立案调查。经查明，该药店于2014年12月19日经市场监督管理部门登记注册，在万州区上海大道从事药品销售。同日，该药店负责人到万州区小天鹅批发市场委托他人制作了药店VIP会员卡，开始对外免费办理会员卡，至今共办理了40余张，顾客持会员卡享受九折优惠。2015年3月，该药店负责人制作了会员积分兑换告示，并张贴于大门玻璃上，规定"最终解释权归药店所有"。最终，重庆市万州区市场监督管理部门对药店处以3000元行政罚款。

4.3　给商家的建议

商家在很多促销活动广告表述中，都喜欢使用"最终解释权归本网店所有"这句话，但这是一个明显的违法行为，商家需要多加注意。法律规定，经营者不得以"最终解释权"为借口，侵害消费者权益。

5　药品、医疗器械不可以进行促销活动

5.1　条文解析

《药品、医疗器械、保健食品、特殊医学用途配方食品广告审查管理暂行办法》第十一条　药品、医疗器械、保健食品和特殊医学用途配方食品广告不得违反《中华人民共和国广告法》第九条、第十六条、第十七条、第十八条、第十九条规定，不得包含下列情形：

（一）使用或者变相使用国家机关、国家机关工作人员、军队单位或者军队人员的名义或者形象，或者利用军队装备、设施等从事广告宣传。

（二）使用科研单位、学术机构、行业协会或者专家、学者、医师、药师、临床营养师、患者等的名义或者形象作推荐、证明。

（三）违反科学规律，明示或者暗示可以治疗所有疾病、适应所有症状、适应所有人群，或者正常生活和治疗病症所必需等内容。

（四）引起公众对所处健康状况和所患疾病产生不必要的担忧和恐惧，或者使公众误解不使用该产品会患某种疾病或者加重病情的内容。

（五）含有"安全"、"安全无毒副作用"、"毒副作用小"；明示或者暗示成分为"天然"，因而安全性有保证等内容。

（六）含有"热销、抢购、试用"、"家庭必备、免费治疗、免费赠送"等诱导性内容，"评比、排序、推荐、指定、选用、获奖"等综合性评价内容，"无效退款、保险公司保险"等保证性内容，怂恿消费者任意、过量使用药品、保健食品和特殊医学用途配方食品的内容。

（七）含有医疗机构的名称、地址、联系方式、诊疗项目、诊疗方法以及有关义诊、医疗咨询电话、开设特约门诊等医疗服务的内容。

（八）法律、行政法规规定不得含有的其他内容。

5.2 案例说法

案例 云浮市新兴县市场监督管理局执法人员在检查中发现，该县部分药店的药品货架摆放着"妇科止痒胶囊（广西神通）买三送复方石韦胶囊""5件减1件钱，苯磺酸氨氯地平片促销价""6件减1件钱，银杏叶片促销价（浙江康恩贝）"等广告宣传卡片；在医疗器械的货架上同样摆放有"舜师热疗贴买二送一""可可康远外磁疗贴买二得三"等广告宣传卡片，且在这些价格标签旁还标有"热卖中"等字样。药店利用广告宣传促销药品及医疗器械的行为违反了《药品广告审查发布标准》第十二条（"药品广告应当宣传和引导合理用药，不得直接或者间接怂恿任意、过量地购买和使用药品""不得含有免费治疗、免费赠送、有奖销售、以药品作为礼品或者奖品等促销药品内容的"）以及《医疗器械广告审查发布标准》第十一条（"不得……含有表述该产品处于'热销''抢购''试用'等的内容"）的相关规定。云浮市新兴县市场监督管理局依法对上述违法广告行为进行了查处。

5.3 给商家的建议

药品和医疗器械是排除在促销活动之外的品类，商家不能对其进行任何促销活动，如抽奖活动、买赠活动、免费赠送活动等。

6 在电商平台使用竞价排名广告业务的要求

在电子商务网站中，网站为某些商品标注了"广告"标志，而有些商品

图5-8　某网络广告的标志

没有标注"广告"标志。其实，网店店主也会疑惑，在自己开设的网店中，售卖商品是否需要标注"广告"标志？有些电商平台也会疑惑，在自己平台首页展示的商品是否需要标注"广告"标志（见图5-8）？这些疑问不仅困扰着很多电商平台、网店的经营者，同样也困扰着很多市场监督管理部门的执法人员。

下面，我们就来一起分析，"广告"标志的标注是怎么确定的，在实务操作中如何把握。这个问题其实挺难的，需要清晰掌握"广告"的定义，还需要对广告与商业必要信息进行相对全面的了解。在此之前，我们先要简述电商平台中广告的由来。

近些年，随着电子商务的蓬勃发展，大型电商平台上商品众多，商品最早使用的是"字典目录式"结构，如"家居—厨具—炒锅—某某品牌—某型号"的表达方式。这种表达方式的特点是：消费者可根据商品类目找到自己想要的商品，类似于实体店中百货商场或者超市的分区，如家电区、厨卫区、日化区、食品区等。这样的分类方式在商品种类型号数量量级较小的情况下，消费者可以根据品牌或产品的分类信息进行寻找。随着大型电子商务平台上的商品数量、品牌、种类越来越多，采用这种方式会让消费者消耗很多时间，其购物体验会很差。电子商务平台为了提升交易效率，开始采用站内搜索的方式，通过关键词匹配，让消费者自行根据关键词进行搜索。这时就会出现排名，商品排名越靠前，其被消费者点击及后续转化为订单的可能性就越大。这和搜索引擎广告的原理是一样的。电商平台中也出现了竞价排名的广告方式，让网店对于关键词进行竞价购买，网店可据此获取使该网店商品更多展现在潜在购买者面前的机会。该行为是典型的广告行为，消费者和广告监督管理部门需要知晓和辨明"广告"。

6.1　条文解析

《电商法》第四十条　电子商务平台经营者应当根据商品或者服务的价格、销量、信用等以多种方式向消费者显示商品或者服务的搜索结果；对于竞价排名的商品或者服务，应当显著标明"广告"。

这条规则要求电商平台经营者使用竞价排名方式展示搜索商品或者服务的结果时，具有必须显著标明"广告"的提示义务。目前大型电商平台都会在首页设置站内搜索引擎，消费者可以利用它通过关键词搜索站内的目标商品或者服务等内容。这时，展示出来的商品或者服务的排序，不仅会对消费者的选择产生影响，而且也会对商家的商品销量产生影响。排在前面的商品或者服务会受到更多消费者的关注，进而可能产生更多的购买转化。电商平台也采取类似百度等搜索引擎的做法，用竞价排名的方式让平台内的网店对搜索"关键词"进行竞价，并将"中标"结果排名前置。此举起到了推荐的作用。这种行为完全具备广告行为的特征，所以，《电商法》会对其加以明确和规范。这样不仅保护消费者的知情权，同样也是对平台公平交易环境的规范。很明显，对于采用了竞价排名显示电商平台搜索结果的情况，电商平台属于广告发布者，购买关键词的网店是广告主。

显著标明广告应该如何理解？"显著"是确保消费者能够辨明其为广告。在一般人的视角下，"广告"标志清晰可见，字体大小和字体颜色需要根据具体情况进行确定。另外，"广告"标志不可以使用"AD"代替。因为广告是否具有可识别性，是通过"消费者能够明辨其为广告"这个标准来判断的。如果使用"AD"标志，那么不懂英文缩写的消费者如一些老人和孩子，可能就不能判别出标注"AD"的是广告内容。这就没有达到让消费者辨明"广告"的目的。不仅是《电商法》第四十条要求显著标明"广告"，《互联网广告管理暂行办法》《互联网信息搜索服务管理规定》都提到了应当"显著"标识广告或者付费搜索信息。

《广告法》第十四条　广告应当具有可识别性，能够使消费者辨明其为广告。大众传播媒介不得以新闻报道形式变相发布广告。通过大众传播媒介发布的广告应当显著标明"广告"，与其他非广告信息相区别，不得使消费者产生误解。

《互联网广告管理暂行办法》第七条　互联网广告应当具有可识别性，显著标明"广告"，使消费者能够辨明其为广告。

付费搜索广告应当与自然搜索结果明显区分。

这两条规则主要要求通过传播媒介发布的广告应该与其他非广告信息相区别，避免使消费者产生误解。电子商务属于互联网的一部分，互联网是广告发布媒介，属于大众传播媒介，所以电子商务中用于推销商品或者服务的广告内容，应该显著标明"广告"，与其他非广告信息相区别，不得使消费者产生误解。

在电商领域，无论是电商平台网站、企业自设网站、电商平台内网店、移动端的独立App，还是短视频中的关键意见领袖（Key Opinion Leader，KOL）等，都应注意广告信息和非广告信息的区别。但是这里会存在广告信息和非广告信息相混在一起的状态，在实务中怎么标注"广告"标志就成了互联网广告中普遍存在且难以说清的问题。

《互联网广告管理暂行办法》第三条　本办法所称互联网广告，是指通过网站、网页、互联网应用程序等互联网媒介，以文字、图片、音频、视频或者其他形式，直接或者间接地推销商品或者服务的商业广告。

前款所称互联网广告包括：

（一）推销商品或者服务的含有链接的文字、图片或者视频等形式的广告；

（二）推销商品或者服务的电子邮件广告；

（三）推销商品或者服务的付费搜索广告；

（四）推销商品或者服务的商业性展示中的广告，法律、法规和规章规定经营者应当向消费者提供的信息的展示依照其规定；

（五）其他通过互联网媒介推销商品或者服务的商业广告。

这里就排除了商业性展示中的非广告信息，这里我们称为"商业必要信息"。也就是说，不是所有网页中对于商品或者服务的介绍内容都属于广告内容，这些商业性展示可能包含广告信息内容，同时也可能包含"商业必要信息"内容。

商业必要信息主要是指：在商业性活动展示和介绍中必须向商品或者服务信息的接收者告知的内容。例如，"《消费者权益保护法》第八条　消费者享有知悉其购买、使用的商品或者接受的服务的真实情况的权利。消费者有权根据商品或者服务的不同情况，要求经营者提供商品的价格、产地、生产者、用途、性能、规格、等级、主要成分、生产日期、有效期限、检验合格证明、使用方法说明书、售后服务，或者服务的内容、规格、费用等有关情况。"上述信息就是商家在商业性展示中必须告知消费者的信息内容，满足消费者的知情权。这样消费者才可能根据这些信息，对选择的商品或者服务进行充分的判断，避免做出错误的选择。

此外，还有一些法律、法规、规章对于"商业必要信息"明确做出了规定。

《中华人民共和国产品质量法》第二十七条 产品或者其包装上的标识必须真实，并符合下列要求：

（一）有产品质量检验合格证明；

（二）有中文标明的产品名称、生产厂厂名和厂址；

（三）根据产品的特点和使用要求，需要标明产品规格、等级、所含主要成分的名称和含量的，用中文相应予以标明；需要事先让消费者知晓的，应当在外包装上标明，或者预先向消费者提供有关资料；

（四）限期使用的产品，应当在显著位置清晰地标明生产日期和安全使用期或者失效日期；

（五）使用不当，容易造成产品本身损坏或者可能危及人身、财产安全的产品，应当有警示标志或者中文警示说明。

裸装的食品和其他根据产品的特点难以附加标识的裸装产品，可以不附加产品标识。

《中华人民共和国食品安全法》第六十七条 预包装食品的包装上应当有标签。标签应当标明下列事项：

（一）名称、规格、净含量、生产日期；

（二）成分或者配料表；

（三）生产者的名称、地址、联系方式；

（四）保质期；

（五）产品标准代号；

（六）贮存条件；

（七）所使用的食品添加剂在国家标准中的通用名称；

（八）生产许可证编号；

（九）法律、法规或者食品安全标准规定应当标明的其他事项。

专供婴幼儿和其他特定人群的主辅食品，其标签还应当标明主要营养成分及其含量。

食品安全国家标准对标签标注事项另有规定的，从其规定。

第六十八条 食品经营者销售散装食品，应当在散装食品的容器、外包装上标明食品的名称、生产日期或者生产批号、保质期以及生产经营者名称、地址、联系方式等内容。

第六十九条 生产经营转基因食品应当按照规定显著标示。

第七十条 食品添加剂应当有标签、说明书和包装。标签、说明书应当载明本法第六十七条第一款第一项至第六项、第八项、第九项规定的事项，以及食品添加剂的使用范围、用量、使用方法，并在标签上载明"食品添加剂"字样。

第七十一条　食品和食品添加剂的标签、说明书，不得含有虚假内容，不得涉及疾病预防、治疗功能。生产经营者对其提供的标签、说明书的内容负责。

食品和食品添加剂的标签、说明书应当清楚、明显，生产日期、保质期等事项应当显著标注，容易辨识。

食品和食品添加剂与其标签、说明书的内容不符的，不得上市销售。

《中华人民共和国药品管理法》第四十九条　药品包装应当按照规定印有或者贴有标签并附有说明书。标签或者说明书应当注明药品的通用名称、成分、规格、上市许可持有人及其地址、生产企业及其地址、批准文号、产品批号、生产日期、有效期、适应症或者功能主治、用法、用量、禁忌、不良反应和注意事项。标签、说明书中的文字应当清晰，生产日期、有效期等事项应当显著标注，容易辨识。麻醉药品、精神药品、医疗用毒性药品、放射性药品、外用药品和非处方药的标签、说明书，应当印有规定的标志。

6.2　案例说法

案例1　商品售卖页面同一页面中（见图5-9），左侧是一个商品视频广告；右侧为商品主页面："12期免息 Samsung/三星 Galaxy S9 SM-G9650/DS 全网通 手机，赠立式无线快充+天猫150元通信生活礼包"，商品的品名、型号，促销活动赠送详细内容都属于必须要告知消费者的内容，这就属于信息内容，而不是商业广告。在《消费者权益保护法》和《中华人民共和国产品质量法》（简称《产品质量法》）等法律法规中都明确要求经营者向消费者提供商品价格、规格等信息，这也是对消费者知情权的保护。

图5-9　商品售卖页面

互联网时代与传统媒体时代不同，传统媒体广告位置资源有限，电视媒体15秒标版时段、30秒标版时段，杂志32开、16开，报纸整版等，都属于限定的媒介资源，是传统媒体中相对宝贵的资源，广告主不会浪费有限的广告页面刊登更多的商业必要信息，而是更多将其留给广告内容。互联网广告有所不同，因自身特性存在多次跳转、页面空间充裕等特点，每个经营主体在通过广告介绍自己的商品和服务时，可在百度、360、天猫淘宝、携程、微博、微信等大流量平台将消费者引导至自身企业落地页。此时网页空间就非常充裕，商家可对商品或者服务进行非常详尽的介绍，这些介绍内容中就会有按照相关法律要求必须让消费者知晓的商业必要信息。例如，商品介绍中出现商品基本参数介绍（见图5-10），这就属于商业必要信息，并不属于广告。

品牌名称：360

产品参数：

产品名称：360 J501C	主镜头光圈：F2.2	品牌：360
型号：J501C	套餐：官方标配 套餐一 套餐二 套餐三…	安装类型：迷你机
影像分辨率：1080p	拍照像素：200万	摄像像素：300万
画面视角：140°	运行内存：无	镜头数量：单镜头
颜色分类：黑色	屏幕尺寸：2.0英寸	功能：夜视加强 循环录像 微光夜视加强…

图5-10　商品基本参数介绍

所以，互联网所有页面都可能是广告页，但这些网页中的内容并不都是广告内容，还包含商业必要信息内容。这就涉及广告活动中的一个根本问题——商业信息与广告的区分，形式上要不要标注"广告"标志，实质上要判定是否属于《电商法》《广告法》《互联网广告管理暂行办法》中对于广告的限制情形。

案例2 图5-11是某电商平台的促销活动，信息内容中只有活动标题和折扣范围，这都属于商业必要信息，不属于广告，所以也不需要标注"广告"标志。

图5-11　促销活动页

案例3 图5-12属于广告内容，具体指向Wilson这个品牌，并且出现了代言人。代言人属于非商业必要信息，是一种标志性的广告元素。所以，这条广告在左下角标注了"广告"标志。

图5-12 促销广告页

案例4 电商平台对于其自营的商品和服务内容及网店内的商品和服务内容展现，虽然里面含有广告内容，但在实务中，因为是在自身平台或者网店内展示商品和服务，不存在区分辨别的问题，所以不需要标注"广告"标志。

kindle京东自营旗舰店销售主体是"京东商城"。"京东商城"是通过自建网站来销售商品的，如图5-13所示。此时，"京东商城"是作为电子商务经营者的法律角色出现的。同样，Wilson官方旗舰店在自身网店内发布的"RUSH PRO 2.5网球运动鞋"也属于商品展示内容，这是一种在自建网店内进行商品展示的行为。这两种情况都是不需要标注"广告"标志的。

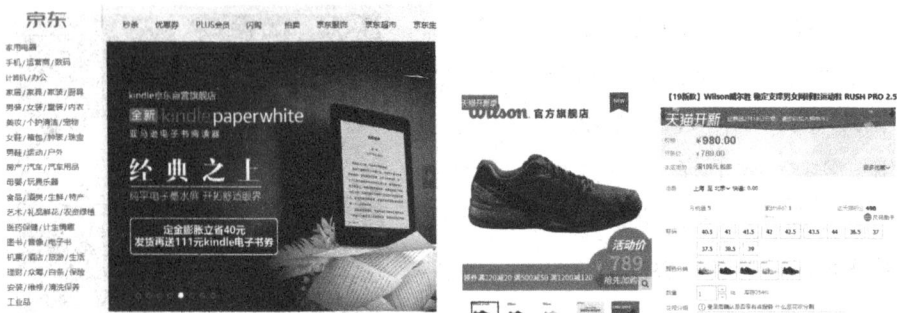

图5-13 "京东商城"首页及商品销售页面

其法律依据是"《电商法》第九条　本法所称电子商务经营者，是指通过互联网等信息网络从事销售商品或者提供服务的经营活动的自然人、法人和非法人组织，包括电子商务平台经营者、平台内经营者以及通过自建网站、其他网络服务销售商品或者提供服务的电子商务经营者"。

律师点拨

商业广告和商业必要信息的判断建议

（1）商业必要信息内容是相关法律法规规定经营者必须向消费者提供的信息。

（2）商品标签、产品说明书类的信息属于商业必要信息，是必须告知消费者的内容，不属于广告内容。

（3）商品经营者或者服务提供者依照国家有关规定进行信息公开或披露的内容属于商业必要信息。

（4）商品经营者或者服务提供者在其住所、经营场所或者自建网站、微信公众号、微博上发布的企业介绍、动态新闻、人事信息、党务行政信息，且未具体介绍所经营的商品或者服务的信息不属于商业广告。

（5）广告活动的特征之一是收取广告费，签署了广告相关协议。

（6）商业广告是以商业推广为目的的宣传互动行为。不以推销商品或者服务为目的的新闻报道、股票行情、航班信息、票务信息、寻人启事、征婚启事等信息不属于广告。

（7）商品广告词往往会用到描写、抒情等表达方式以及其他一些文学表现性很强的手段，而商品信息只是客观事实的陈述。

6.3　给商家的建议

对于通过文字、图片、视频或者其他形式，直接或者间接地推销商品或者服务的商业广告，商家应当按照法律要求予以标注"广告"，使消费者能够明显辨别它是广告内容；同时，对于参与付费搜索或者竞价排名的广告，应该将其与自然搜索结果明显区分开来，它（们）不能与自然搜索结果混同。

电子商务合同与物流篇

//

　　合同是经济活动的重要支撑。在电商经营活动中，纸质合约基本上已经逐渐退出历史舞台，代之以大量的电子合同。此次《电商法》用整整一章的篇幅对电子合同做出了明确规定，包括对自动信息系统完成的合同效力、当事人民事行为能力推定、合同成立的条件、合同的充分接触权、订单修改权、合同履行等诸多关键问题都做出了明确规定。如此一来，电子商务场景下的电子合同就有了系统的规范，当事人在这个高频的应用场景中有了清晰的行为指南。

　　在物流方面，除了对快递业务经营者的一些快递送货行为做出了规范性要求以外，《电商法》还规定了快递业务经营者可以接受电子商务经营者的委托代收货款。这一条对于快递行业来讲，可以说是一个利好消息，这就意味着他们不需要获得支付牌照就可以将代收货款作为一项增值服务了。这对于一些需要货到付款以及不会使用网上支付的用户来讲也都是利好消息。

一、网络时代必懂的电子合同新规则

关于合同，想必大家都不会陌生，在传统的签约场景下，员工入职要签纸质劳动合同，找厂家提货会签纸质合同或送货单，要拿品牌代理得签纸质合同，店铺找代运营也会需要签订纸质合同。

不过，在电子商务领域，合同的形式发生了一些变化，我们看到的并不是可以拿到手里并存到抽屉或保险柜中的纸质合同，而是电子合同；而更多的情况下是商家要入驻大型电子商务平台时，平台要求其在线签署的入驻协议，以及商家将商品或服务销售给买家时的合同。甚至在特定的业务场景下，如通过自动售货机购买果汁时，我们甚至不会看到任何具体的条款内容。

在讲电子商务合同之前，我们还是有必要回顾一下传统合同视角下的法律规定。《民法典》第一百一十九条规定，依法成立的合同，对当事人具有法律约束力，这是比较原则性的条款。《民法典》还对合同的订立、效力、履行、保全、变更和转让、权利义务终止以及违约责任等进行了极为详细的规定，同时还列举了包括买卖合同在内的19类典型合同。从《民法典》本身条款来看，虽然该法并没有对电子商务合同这种类型进行规定，不过其本身的全部条款，对于电子商务的合同场景也当然是可以通用的，只不过电子商务合同在形式和业务场景下有其独特的情形罢了。

在明确电子商务当事人订立合同也应当遵守《民法典》及《中华人民共和国电子签名法》的基础上，《电商法》对电子商务合同的规定有其独特的创新和补充之处。

1 电子商务合同更加多样化

1.1 多样化的释义

传统合同适配的场景有限且依赖于纸质协议，而电子商务合同所适配的业务场景更为复杂，远不是传统合同所能比拟的。首先是适配的终端介质不同，例如有些电子商务合同是针对PC网页端的注册场景的，有些是适配移动端WAP网页、应用程序App或者小程序的。这会带来不同场景下的合同的呈现设计不同，从而直接影响用户签署合同的效力问题。其次是适配的业务架构不同，针对自营类电子商务，其电子合同一般只需要有《用户注册协议》和《隐私政策》即可；而针对平台类的业务架构，则其应当构成自上而下的合同效力等级，除《用户注册协议》《隐私政策》以及《法律声明》等顶层合同外，还需要从这些合同中延伸出商家管理、消费者保护、评价规则、内容管理等次层的合同体系，以及规则公告等临时性规则。最后是电子商务合同适配于动态场景，传统合同一般签署后即固定，但电子商务合同中的相关条款会根据互联网产品业务形态的变化而动态调整，例如，目前常见的在线合同中的"随时调整协议"等表述，是由互联网产品迅速迭代变化而必然导致的。

1.2 案例说法

案例1 签约场景复杂，未尽合理义务提示，协议被判无效

××人民法院实测通过微信链接启动某购物App在某微信公众号的购物流程，直至付款环节，未发现该公众号有任何关于其用户协议的明确提示。而在其微信公众号，需用户自行点击"服务与建议-设置与反馈-用户协议-服务协议"四级菜单方可查看用户协议，显然不属于采取了合理方式提请消费者注意的情形。公众号运营公司上海××有限公司亦未向人民法院提交用户刘某某签署或者同意其他有关约定管辖协议的证据。因此，法院判决上海××有限公司声称的管辖异议予以驳回。

案例2 动态化协议被法院认定有效

淘宝公司是域名为"taobao.com"（淘宝网）的网站经营者。原告系淘宝网卖家，网上店铺名称为昕昕品牌折扣店，并已获得广州阿仕伦贸易有限公司的网络专卖授权，负责在其经营的昕昕品牌折扣店销售与推广"ADDSy-3"品牌的鞋帽、服装，授权期限为2016年12月1日至2017年11月30日。入驻淘宝网注册时，原告与被告签订了一份《淘宝平台服务协议》，第一条将淘宝平台规则定义为：包括在所有淘宝平台规则频道内已经发布及后续发布的全部规则、解读、公告等内容以及各平台在帮派、论坛、帮助中心内发布的各类规则、实施细则、产品流程说明、公告等。淘宝平台法律声

明及隐私权政策、淘宝平台规则均为本协议的补充协议，与本协议不可分割且具有同等法律效力。如使用淘宝平台，则视为同意上述补充协议。后期可根据平台发展动态化调整本协议。

××人民法院经审理认为：原、被告之间签订的《淘宝平台服务协议》及补充协议，系双方当事人的真实意思表示，合法有效，对各方当事人均有约束力，应作为处理本案纠纷的合同依据。

动态化调整的协议似乎有单方修订合同的嫌疑，但其确实是符合电子商务迅速发展的特点的，因此，法院判决此类单方调整协议的行为合法有效，也在情理之中了。不过仍然值得注意的是，电子商务平台也不能任性修订协议，仍然应当至少提前七天公示并提示用户，否则该类协议仍然不会对用户生效。

1.3 给商家的建议

商家在入驻各类电子商务平台时，会首先和平台签署各类在线入驻协议。一旦发生诉讼，商家或者平台也都将通过当时签署的各类协议进行诉讼举证，因此，建议商家在入驻时应当仔细查看在入驻的不同场景下，平台是否已经尽到良好的提示义务；商家也应当认真阅读各类在线协议，特别是保证金类协议条款，以确保维护自身的合法权益。

2 电子商务合同的生效条件更复杂

2.1 条文解析

在探讨电子商务协议的有效性问题前，我们不妨来看一下，为何大家对于线下纸质协议的有效性有这么强的天然信任感，而且连不具备法律知识的人也极易辨别其基本的效力问题呢？根据《民法典》第四百九十条规定，当事人之间的合同能成立，需要遵守"要约+承诺"的流程。

《民法典》第四百九十条　当事人采用合同书形式订立合同的，自当事人均签名、盖章或者按指印时合同成立。在签名、盖章或者按指印之前，当事人一方已经履行主要义务，对方接受时，该合同成立。

法律、行政法规规定或者当事人约定合同应当采用书面形式订立，当事人未采用书面形式但是一方已经履行主要义务，对方接受时，该合同成立。

当事人在纸质合同上盖章的法律效果其实有两个，一是确定该合同是"哪个特定当事人"签署的，二是确定该当事人已经完全查阅、理解合同条款，并愿意就签署的条款进行履诺。以上两个因素最终目的是确定"合同内容系双方当事人的真实意思表示"；若是双方当事人的真实意思表示，则合同成立并有效，否则合同不成立①。

这种对纸质合同天然的信任感可以由如下一些因素共同提供"信任背书"。一是签字本身具有唯一性，当事人的捺印也具有唯一性。一旦被否定是本人签捺，当事人还可以提出笔迹的鉴定，从纸张、墨水型号、签字时间长久度、力道等各个方面进行权威鉴定，从而获得救济，因此如果签字确系本人所为，当事人很少会进行否认。二是"公章"虽然可能不具有唯一性，但是目前人人皆知公章不得"私刻私用"，国家将刻章业纳入特种行业，归公安机关实行治安管理。对违反国家管理规定的刻章单位和职工个人，视问题的性质和情节轻重，依法予以治安管理处罚②，或者追究刑事责任③。当然，"萝卜章"本身也是可以事后进行司法鉴定真伪的。三是纸质合同往往是人手一份，事后造假的可能性极低。

与传统协议相反，电子商务协议天然的非信任感又是如何"养成"的呢？一是个人信息泄露泛滥，谁也不能完全确定某特定账号的归属；二是即使了解了账号的注册情况，但账号产生的行为不一定就是认证主体本人的意思表示或账号并不具备签约的权利资格；三是在线协议并不是由各方均保存一套，实质上是由提供在线协议的一方保存保管的，那么保存保管

---

① 当然，合同是否最终成立，仍需要结合合同条款是否存在"违反法律、行政法规的强制性规定"的情况。

② 《中华人民共和国治安管理处罚法》第五十二条　有下列行为之一的，处十日以上十五日以下拘留，可以并处一千元以下罚款；情节较轻的，处五日以上十日以下拘留，可以并处五百元以下罚款：（一）伪造、变造或者买卖国家机关、人民团体、企业、事业单位或者其他组织的公文、证件、证明文件、印章的……

③ 《刑法》第二百八十条　伪造、变造、买卖或者盗窃、抢夺、毁灭国家机关的公文、证件、印章的，处三年以下有期徒刑、拘役、管制或者剥夺政治权利，并处罚金；情节严重的，处三年以上十年以下有期徒刑，并处罚金。伪造公司、企业、事业单位、人民团体的印章的，处三年以下有期徒刑、拘役、管制或者剥夺政治权利，并处罚金。

的电子商务协议在经常变动的情况下如何确定用户当时签署了哪一份？即使能确定电子商务协议的版本，但电子商务协议实在太容易被修改、篡改了，这就让用户对平台产生了强烈的不信任感。所以，电子商务协议的生效认定与传统协议相比较会更复杂。

总体上来看，电子商务协议的生效，应当遵守如下一些规则：一是协议条款本身不存在免除一方责任、加重对方责任、排除对方主要权利的条款；二是协议条款应当以良好的形式明确呈现给用户查阅，如"电子商务经营者应当清晰、全面、明确地告知用户订立合同的步骤、注意事项、下载方法等事项，并保证用户能够便利、完整地阅览和下载"等；三是电子协议签署的主体应当是真实可信的，电子商务是通过注册和认证的方式来确定交易对象的，只要提交个人或公司主体资料，法律就可推定该账户下的行为均归属于认证人本身。

2.2 案例说法

案例1 条款均以加粗、下划线的方式提醒消费者注意，条款属有效

常某因与发生交易行为的××平台产生纠纷，向A法院提起诉讼。

A法院认为，在网页上，协议条款均以加粗、下划线的方式提醒消费者予以注意，并在"特别提示"中就协议中特殊标识部分又以加粗、下划线的特殊标识予以醒目标记，提醒仔细阅读、充分理解，符合协议管辖相关规定，故该协议中的管辖约定应属有效。本案中，常某通过××平台注册账户并购买涉案商品，应接受协议中"管辖"条款的约束，即应向被告所在地人民法院提起诉讼。故A法院对此案无管辖权，此案应由被告住所地上海市长宁区人民法院管辖。

案例2 商家入驻平台，应当遵守平台管理规则

2016年7月，原告与被告签订《××平台合作协议》，并在被告××网站实名注册了聚胜品全球购，ID为14××。2017年5月，被告以原告涉嫌出售假货为由将原告网店货款账户金额264400元（含10000元保证金）冻结。被告单方制定了十倍违约金等苛刻的处罚规则，被告在无证据证明原告违约的情况下直接冻结原告账户，该行为侵犯了原告的合法权益。

但是，法院认为：从规则依据角度，案涉平台规则就打假流程和售假金额的判定均做了明确约定，案涉平台设定的违约金条款和"假一赔十"

规则，关涉平台、商家和消费者三方，系平台履行自律管理权利的体现；平台从商家扣收的款项并没有最终进入平台账户，虽然名为"违约金"，但实际并非用于弥补平台损失，而是以"消费者赔付金"的形式赔付给消费者，其本质是平台自律打假、保护消费者权益、加大售假商家违法成本；在平台规则约定明确的情况下，商家利用网络平台售假构成违约，第三方电商平台按照合同约定对商家进行处罚系自律管理。本案中被告因原告售假扣收相应款项并向消费者发放"消费者赔付金"于法不悖，本院予以确认。

2.3 给商家的建议

商家与平台均系商事交易主体，相较于平台与消费者，在订立合同时双方法律地位更加平等。在排除胁迫、重大误解或显失公平的基础上，商家入驻平台签署协议，接受规则，即视为对自身相关权利的让渡，就需要服从平台的自律管理。因此，商家应当尊重电商平台的自律管理措施；同时，平台也应引导商家严守法律及平台规则，合法经营，维护正常的平台管理秩序，保护诚信商家和消费者的合法权益。

二、电子合同的成立与生效

我们大都非常习惯线下交易的合同订立方式——签字或者盖章，这两种方式对大多数人而言都是清晰有效的。可是，当很多交易渐渐线上化之后，我们发现不论签字还是盖章，对于互联网平台上动辄上亿的交易量而言，都已是"不能承受之重"。通过自动信息系统在线上进行签约，这种简单、高效、成本低的签约方式已经成为互联网时代的必然选择。那么这种与线下完全不同的签约方式，在法律上是如何认定的？在缔约过程中有哪些注意事项？这些是本节要介绍的内容。

1 电子合同与传统合同

电子合同与传统合同相比，形式上发生了很多的变化。例如，某用户通过手机号码注册了一个淘宝账号并通过点击"同意用户协议"的方式，签署了用户协议，而这样的签约方式在淘宝平台上数以亿计。可见，互联网时代的电子合同相对于传统线下合同最重要的变化是交易对象的虚拟化、交易数量的海量化、意思表示的多样化。

电子合同的主要特征如下。

1. 出现合同的成立、变更和解除的新形式

电子合同是以数据电文的方式通过计算机和互联网进行要约和承诺的。电子合同的成立、变更和解除无须采用传统的纸质形式，具有电子化的特点。传统合同一般是通过面对面的谈判或通过信件、电报、电话、电传和传真等方式订立的。而电子合同的当事人均是通过电子数据的传递来完成合同的，一方电子数据的发出即可视为要约，另一方电子数据的回送即视为承诺。

2. 电子合同交易主体的扩大化和虚拟化

订立电子合同的各方当事人是通过网络运作的，可以互不谋面。且电子

合同的交易主体没有地域上的局限性，可以是世界上的任何自然人、法人或其他组织。

3．出现合同的新媒介形式

电子合同是采用电子数据交换的方法来签订合同的，电子合同的内容可以完全储存在计算机内存、磁盘或者其他接收者选择的非纸质中介物（如磁带、磁盘、激光盘等）上，无须采用纸质形式。

4．出现电子签名形式

电子合同生效的方式、时间和地点与传统合同不同，无须经过传统的签字、盖章方式。传统合同一般以当事人签字或者盖章的方式表示合同生效；而在电子合同中，传统的签字、盖章方式已被电子签名所代替。

2 电子合同成立的核心要件

2.1 条文解析

《民法典》第四百七十一条 当事人订立合同，可以采取要约、承诺方式或者其他方式。

第四百七十二条 要约是希望与他人订立合同的意思表示，该意思表示应当符合下列规定：（一）内容具体确定；（二）表明经受要约人承诺，要约人即受该意思表示约束。

第四百七十九条 承诺是受要约人同意要约的意思表示。

2.2 案例说法

案例 电子合同遵从《民法典》上的要约和承诺规则

消费者夏伟看到亚马逊公司在网站上举办名表新品打折促销活动，他参加活动并领取了三张面额为五百元的现金优惠券，然后购买了三块手表。亚马逊网站当时在展示这三块手表时并没有显示其具体的库存情况，亚马逊网站要求供货商对本次促销的手表按库存的120%进行备货或是在供货商承诺供货但实际无库存的情况下，也允许消费者下单。

亚马逊公司给消费者呈现的"格式条款"上规定：如果通过本网站订购商品，即您的订单已经成为要约，但只有我们发出送货确认的电子邮件通知您时，才表示对您合同申请的批准与成立。后经亚马逊公司向供货商核实，发现夏伟购买的三款手表已无货，因此亚马逊公司单方操作，在系统里直接取消了夏伟的采购订单。

夏伟将亚马逊公司诉至法院，要求亚马逊公司继续履行合同。他认为双方合同已经成立，亚马逊公司并没有依据当时双方形成的合同来履行卖方的承诺，属于违约行为。但亚马逊公司辩称，依据网站上注明的"格式条款"，消费者下单后，只有公司向消费者发出送货确认的电子邮件通知消费者时，合同才成立，下单行为只是要约，并不代表公司已经做出承诺，故双方的合同并没有成立。

法院认为，首先，虽然亚马逊公司在网站上载明了"使用条件"的格式条款，但是亚马逊公司没有将此格式条款以显而易见的形式呈现给消费者并使消费者清楚地知道该格式条款的具体内容是什么。因此，亚马逊公司所制定的"格式条款"中的相关条款视为未订入合同，即"格式条款"并没有对消费者产生法律上的约束力。

其次，依据《民法典》的相关规定，双方是否形成合意要看双方是否根据要约和承诺完成了交易行为。亚马逊公司将待售商品的具体信息内容公布在网站上，该行为符合要约的特性。而夏伟又因看到网站上显示有库存或允许购买，才将相关商品加入购物车并下单，应视为夏伟已经进行了承诺。因此应当认定亚马逊公司与夏伟之间已经形成合意。综上，法院判决，亚马逊公司应当向夏伟交付其订购的3块手表，夏伟在收货时应将剩余货款支付给亚马逊公司。

2.3 给商家的建议

电子合同的成立，同样遵从《民法典》上的要约和承诺规则，其核心是意思表示。一般而言，无论是通过点击"同意"还是电子签名，只要意思表示真实且一致，都能通过要约承诺规则订立合同并且合同具有法律效力。

所以，对于商家而言，采用哪种形式订立合同并不重要，重要的是能够有证据证明双方做出过意思表示，并有相应的内容。在目前的电子商务飞速发展的背景下，面对频繁海量交易，商家可以尽量采取成本最低的缔约方式，同时在后台保留签约的日志及内容，并建立安全的后台数据保管系统和完善的保管制度。只有这样，才能在降低交易成本的同时，在对缔约与否以及缔约内容双方发生争议的情况下，可以拿出相应证据证明订立过合约，并提供相应的合约内容。

3　电子合同成立的形式要件

3.1　条文解析

《民法典》第四百六十九条　当事人订立合同，可以采用书面形式、口头形式或者其他形式。

书面形式是合同书、信件、电报、电传、传真等可以有形地表现所载内容的形式。

以电子数据交换、电子邮件等方式能够有形地表现所载内容，并可以随时调取查用的数据电文，视为书面形式。

《中华人民共和国电子签名法》第三条　民事活动中的合同或者其他文件、单证等文书，当事人可以约定使用或者不使用电子签名、数据电文。当事人约定使用电子签名、数据电文的文书，不得仅因为其采用电子签名、数据电文的形式而否定其法律效力。

《电商法》第四十八条　电子商务当事人使用自动信息系统订立或者履行合同的行为对使用该系统的当事人具有法律效力。在电子商务中推定当事人具有相应的民事行为能力。但是，有相反证据足以推翻的除外。

3.2　案例说法

案例1　某互联网平台与用户的争议案件中，互联网平台提供了用户协议作为双方权利义务的证据，并出示了签约日志，该日志记录该用户账号在某个时间点通过点击同意电子合同的签署方式做出签约的意思表示。用户认为点击同意电子合同的签署方式并非可靠的电子签名，并否认曾经签署过此协议。

案例2　某互联网平台与用户的争议案件中，互联网平台提供了修改后的协议版本，并根据原版本中约定"互联网平台可以修订协议并通过适当程序公示生效，继续使用视为同意本协议"，认为双方对于原版本协议已经点击同意的方式签署过了，故在依原协议修订后的版本应当作为双方权利义务的依据，故双方应当适用修订后的协议版本。而用户认为修订后的协议，用户并未点击同意，也没有通过可靠的电子签名方式签署，默认同意的方式并非具有法律效力的签约方式，故对修改后的协议予以否认。

案例3　某互联网平台与用户争议案件中，互联网平台提供了签约日志和履行证据，但用户否认该账号系其注册，也否认该账号登录后的签约行为系其所为，故认为其不是合同相对方，该合同对其不成立。

如果你是法官，面对以上关于电子合同是否成立的争议，你该如何裁判呢？

根据法规，电子合同其实就是通过数据电文来呈现合同内容的载体，是书面合同的一种。电子合同和其他合同一样，只要是真实意思表示就成立。

针对案例1和案例2，电子合同订立的意思表示不是通过线下签字盖章的方式做出的，而是通过点击同意、默示同意等方式做出的。只要能证明针对该电子合同文本，当事人各方做出过意思表示，则无论是采用电子签名方式做出的，还是采用点击同意方式做出的，抑或是采用默示方式做出的，都是有效的意思表示，合同自然成立。

再针对案例3，如果是实名认证的用户，其不能提供有效证据推翻实名认证的结果，那么该用户即推定为合同当事人；或者即便推翻认证结果但原因是其个人保管不善或其他未尽到合理注意义务的行为导致，为保护交易安全，也应当认定该用户为合同当事人。

通过以上案例，我们也可以看出，电子合同与纸质合同相比在法律效力认定上并无特别之处。只要能证明合同主体对电子合同做出过意思表示，合同就能成立。

3.3　给商家的建议

电子合同本质上仍是合同，而非法律的特别保护之地。商家使用电子合同作为双方缔约的一种形式，不能存在侥幸心理，应依据传统合同的法律规定明确电子合同的要约、承诺的计算机语义下的表现形式，不可颠覆以上表现形式，致使交易存在不公。

另外，商家在与平台缔约电子合同时，与传统合同的缔约过程一致，要仔细查看相应的合同内容，明确权利义务的归属，明确合同的成立、生效及其他明显不利的要件。

4　电子合同生效及例外情况

4.1　条文解析

电子合同与其他合同一样，正常情况下成立并生效。但是如果存在以下特殊情况，可能面临不生效或者可撤销、可变更的问题。

（一）合同当事人为限制民事行为能力人。例如，未成年人的明显超出其认知范围的巨额网络借贷行为。

（二）合同的意思表示不真实。例如，电商平台商品明显标错价格问题。

（三）存在法定无效的情形。例如，商家和用户恶意串通损害平台利益的"薅羊毛"事件。

（四）附生效条件或生效期限的合同，仅在生效条件已经成立或期限已经届满时才会生效。例如，平台规定与用户签订的电子合同需要平台确认后才生效。

（五）依法需经法定程序后才能生效的合同，合同成立后并不立即生效，只有完成了应当办理的批准程序或其他程序后才能生效；如果未能完成法定程序，成立的合同也无法生效。

（六）效力待定合同，是指合同虽然已经成立，但因存在不足以认定合同无效的瑕疵，致使合同不能产生法律效力，在一段合理的时间内合同效力暂不确定，由有追认权的当事人进行补正或有撤销权的当事人进行撤销，再视具体情况确定合同是否有效。

（七）另外，《电商法》还规定了一种特殊无效情况，即不得约定消费者支付价款后电子合同不成立。

《电商法》第四十九条　电子商务经营者发布的商品或者服务信息符合要约条件的，用户选择该商品或者服务并提交订单成功，合同成立。当事人另有约定的，从其约定。

电子商务经营者不得以格式条款等方式约定消费者支付价款后合同不成立；格式条款等含有该内容的，其内容无效。

排除了以上特殊情况，通过适当形式做出意思表示订立的电子合同，成立且有效。

4.2 案例说法

(案例) 附生效条件的电子合同

2014年4月28日，夏欣在携程旅行网上预订了北京至三亚的旅游服务，并按照携程旅行网的要求提交了信用卡信息以备扣款。之后，夏欣被告知他提交的订单只能通过电话预订，通过网络预订无效。夏欣以提交订单即合同成立为由将其诉至北京市东城区人民法院要求北京携程国际旅行社有限公司继续履行合同。

该案经过一审、二审，终于在2015年3月9日，北京市第二中级人民法院就夏欣与北京携程国际旅行社有限公司旅游合同纠纷一案做出了终审判决，夏欣的诉求没有获得法院支持，北京携程国际旅行社有限公司不需要继续履行该合同。

本案中的合同，需经旅行社最终确认才能生效。也就是说，即使合同已经成立，如果未得到旅行社的确认，合同也永远不会生效，从而对双方不具有当事人签约时议定的法律约束力。

4.3 给电商平台的建议

电子合同是随着计算机和互联网技术的发展和应用而产生的一种全新的合同形式。电子合同的成立并不等于电子合同的生效。在签订电子合同的过程中，电商平台需要充分了解交易对象的民事行为能力、意思表示的真实性、是否存在损害他人利益的情形等，否则可能因为未做好尽职调查或者合同条款设计缺陷而导致电子合同不生效，从而引发纠纷，带来损失。

三、民事行为能力与网络交易

我们经常可以看到未成年人在网上消费的案例，如《南国早报》曾报道，一名14岁的初三学生，注册支付宝后悄悄绑定了母亲的银行卡，然后通过快捷支付进行网络游戏充值，在2个月内，刷卡约10万元。当其母胡女士发觉银行卡内余额有问题，在了解事情原委后要求网络游戏公司退回钱款时，却遭到了拒绝。

此时，如果换作你是这位母亲，10万元的积蓄，在短短两个月内被孩子花在玩游戏上，你会如何想？你认为游戏公司应当退回钱款吗？反过来，如果你是游戏公司，后台记录里明明显示是一个成年人的正常消费，她却在消费完毕后要求退钱，你会退给她吗？

上述案例中提到的这类冲突和矛盾在网络交易领域显得比较突出，原因是线上背对背交易与线下面对面交易在对交易对象的认知上是完全不一样的。线上交易呈现的是一串数据，商家往往很难核实真实的交易对象。所以商家也很容易遇到一个法律问题，交易对象是否具有完全民事行为能力。而网络交易中，确实存在部分未成年人为交易对象的真实交易。但未成年人一般都是限制民事行为能力人或者无民事行为能力人，按照现在的法律规定，其订立的合同为效力待定合同，除非在法定期间得到监护人的确认，否则该合同无效。

1 交易对象视为具备完全民事行为能力

1.1 条文解析

《电商法》第四十八条　电子商务当事人使用自动信息系统订立或者履行合同的行为对使用该系统的当事人具有法律效力。在电子商务中推定当事人具有相应的民事行为能力。但是，有相反证据足以推翻的除外。

由此可见，网络交易中可以推定交易对象具有相应的民事行为能力，网络交易合同对交易双方具有法律约束力。如果一方主张其不具备相应民事行为能力而否定网络交易合同效力，那么请提供能够推翻这一推定的证据；否则，其签订的网络合同就是一个合法有效的交易合同，双方必须履行合同义务。

1.2 案例说法

案例 未成年人父母主张合同无效被驳回

因认为8岁的小强（化名）在未经母亲允许的情况下为游戏充值8000余元的行为无效，小强的母亲以小强的名义将游戏公司诉至法院，要求确认小强与该游戏公司之间的合同无效，并要求游戏公司返还游戏充值费用8000余元。

法院经审理后认为，小强主张其与游戏公司之间存在服务合同关系，但小强并未提交充分的证据证明其系该游戏之用户，也未提供注册该游戏时的用户名及密码等信息。另，小强主张向该游戏公司进行了充值消费，但其提交的其母亲名下的信用卡交易对手信息为支付宝公司，并非该游戏公司，故仅凭现有证据无法证明小强与该游戏公司之间存在服务合同关系。最后，法院驳回了原告的全部诉请。

由此可见，法律是推定网络交易双方均具有相应的民事行为能力的。如果某一方对此进行否定，那么举证责任在主张的一方；如果不能举证证明该事实，则法院会驳回其诉讼请求。

1.3 给平台和用户的建议

交易平台其实可以对未成年交易设定各种限制，例如根据注册时的实名认证来判定账号注册者的年龄，通过技术手段拦截部分与年龄不相符的当事人的网络交易。

父母平时疏于对未成年人的网络消费教育，以及父母对支付宝、网银账户及支付密码的保管不力，是造成未成年人非理性网络消费发生的直接原因。父母需要认真履行监护义务，监督未成年人子女的网络交易行为，正确引导其进行与年龄相符合的网络交易，阻止其进行与年龄不相符的网络交易。

2 民事行为能力应当与时俱进

2.1 条文解析

《民法典》第十九条 八周岁以上的未成年人为限制民事行为能力人，实施民事法律行为由其法定代理人代理或者经其法定代理人同意、追认；但是，可以独立实施纯获利益的民事法律行为或者与其年龄、智力相适应的民事法律行为。

第二十条 不满八周岁的未成年人为无民事行为能力人，由其法定代理人代理实施民事法律行为。

从上述法律法规中，我们可以发现，并不是所有的未成年人实施的网络交易行为都是需要法定代理人去确认的。未成年人实施的与其年龄、智力相适应的民事法律行为具有法律效力。

随着网络技术的进步、网络教育的普及和电子商务网站的大量涌现，越来越多不具有完全民事行为能力的未成年人可以熟练地进行电子商务交易，在互联网上购买学习用书、生活用品、软件等。可以说，大量网络交易行为发生在八周岁以上的未成年人中，这些未成年人对其交易的性质、目的、手段、内容都具有较高的认识能力，在操作计算机和"玩转"购物流程方面往往比部分成年人更熟练更深入。故，如果贸然因为其为限制民事行为能力人，而简单认定该合同为效力待定合同而需要法定代理人追认，那么大量正常的交易将处于不安定状态，电子商务的高效、海量和便捷的优势将大打折扣。所以要合理适度地将大量未成年发生的交易作为认定为其实施的与其年龄、智力相适应的民事法律行为而具有法律效力。但实际情况中，也要具体问题具体分析，不可"一刀切"。

2.2 案例说法

案例 连续的小额交易未被认定为合同有效

吴某与北京快手科技有限公司（简称"快手公司"）网络购物合同纠纷案中，快手公司一审答辩称"通过原告提供的支付宝收据可以看出，本案的充值并非是一两次大额充值消费，而是几百次的消费，最高数额为698元，有的甚至是198元、6元、1元，被告认为小额的消费行为与被告年龄是相适应的，该充值行为是有效的"。

快手公司二审上诉称，本案虽然整体标的较大，但是消费金额最多为698元，最低仅为1元，一审法院在审理本案时，未考虑现代未成年人的成长环境，接纳新鲜事物的能力，以及心理、智力的成熟度等多方因素，认为吴某不满10岁即实施的全部行为均与年龄和智力不相符，属于机械错误地适用法律，严重影响到快手公司巨大的利益。

本案判决书没有支持快手公司的意见，由此可见，未成年人在游戏和直播平台的消费一般具有明显的连续性和密集性特征，脱离时间跨度和频率只讨论单次交易行为的效力不妥，为保护未成年人利益，未成年人在同一平台、短时间内的连续交易行为的效力应当被综合考虑。

2.3 给平台的建议

对于部分综合性购物平台来说，针对未成年人购物需要研究制定一张表格，表格里会记载不同类目、不同商品对应的不同年龄的人，将大量未成年人的符合其认知水平的交易纳入正常交易，而不用严格按照传统的民事理论—— 限制民事行为能力人所订立的合同需要其法定代理人进行追认。传统民事理论对网络交易来说是不现实的，而且从表面上看，这似乎维护了消费者一方的利益，实则损害了交易另一方的利益和积极性，与网络购物快捷、便利的特性相违背，与《民法典》中所确立的公平原则也相悖。

四、电子商务合同成立的规则（一）

本节标题乍看很专业，好像离大众很遥远，但是殊不知作为网民的我们或多或少都在线"签署"过合同了，例如大家在日常生活中通过App下单购物、订餐、叫车等，用户在下单付款的过程中就和提供相应商品或者服务的商家完成了电子商务合同的"签署"。

在传统的线下购物场景中，交易都是一手交钱一手交货的，一般不会存在消费者付了钱但商家不交货的情况；但是在电子商务活动中，由于并非实时交易，所以经常会出现消费者已经成功下单并付款，但商家却以缺货、系统出错等各种理由取消订单而不予发货的情况。

消费者被如此"愚弄一番"，有的消费者会吃闷亏自认倒霉，还有一些维权意识非常强的消费者，会将商家告到法院，要求其继续履行合同——承担发货义务。但是，这时候有些商家会认为双方合同并不成立，因此其无须履行发货义务。这时，谁的主张是正确的呢？

由于电子商务合同的成立与否，直接关乎合同两方主体（即电子商务经营者与消费者）是否有义务履行合同承担责任。为维护交易秩序，保障消费者权益，《电商法》对电子商务合同的成立做了专门规定。下面我们来看看在什么情况下电子商务合同才成立。

1 条文解析

《电商法》第四十九条 电子商务经营者发布的商品或者服务符合要约要件的，用户选择该商品或者服务并提交订单成功，合同成立。当事人另有约定的，从其约定。

根据该条规定，电子商务合同的成立一般包括两个前提条件。首先，商家对外发布商品或者服务时，其发布的信息要具体而确定，一般至少包含具体商品名称、价格等具体信息。这样消费者可以省去问价等磋商环节，直接根据商家提供的商品或服务信息来考虑是否要下单。此外，商家的发布行为还暗含了其愿意受到发布内容的约束，一旦消费者同意按照其发布的要约内容下单购买，商家就应该信守承诺、履行订单。

其次，消费者搜索到商家发布的商品或者服务后，如对商品或服务的内容很满意，就可以以提交订单的形式向商家做出承诺，此时商家需按照之前发布的内容向消费者提供商品或者服务。

举个例子，某商家销售《白话电商法律法规》一书，定价49.8元。如果你接受了商家的开价并同意购买的话，就满足了"用户选择该商品或者服务并提交订单成功的要求"的前提条件，此时你与商家就买卖这本书达成了买卖合同。

图书商品的交易相对简单直接。对于一些需要特殊定制的商品或者服务，由于商家的服务能力有限，无法同时满足所有消费者的需求，为避免合同成立后无法履行，他们往往会在发布页面对合同的成立规则"另行约定"。例如"汽车陪练服务"，商家通过网络店铺发布该类信息时，通常会特别说明"用户拍下之前需联系客服预约时间和地点，未确定时间和地点的，私自拍下无效"。在这个场景下，商家发布"汽车陪练服务"不应视为"要约"，而是"要约邀请"，即他们希望用户先发出要约，向商家预约时间和地点；如果商家答应用户的要约内容，则构成承诺，此时双方达成合同。这也就是本条款所称的"当事人另有约定的，从其约定"。有了该条款，商家就可以不受发布信息的约束。需要注意的是，为保障交易过程的透明公平，商家需以显著方式充分履行告知义务，在消费者提交订单之前或者之时就使其知晓商家的信息发布不受约束。

2　案例说法

(案例1) 电子商务合同成立，商家不发货则需承担违约责任

周某通过淘宝网销售二手52度500毫升水晶瓶装五粮液，定价为580元/箱，在孟某拍下2箱并付款后，周某又以涨价无货为由要求孟某申请退款。孟某要求周某赔偿，未果后将争议诉至法院，要求周某按照同款商品在其他店铺的销售价格赔偿可得利益损失8788元。

法院经审理认定，周某将标的物"二手五粮液52度500毫升水晶瓶五粮液普五水晶装白酒整箱包装带手提带"在淘宝公司网页上通过图片进行展

示，明确价格为580元/箱，该行为系要约，是希望和他人订立合同的意思表示。孟某在检索到信息后通过支付宝支付1160元的货款，是以行为承诺进行购买的，且通过发出信息询问了周某，明确可以发货，故孟某与周某之间形成了买卖涉案标的物的合意，双方构成了合法有效的买卖合同关系。周某作为出卖人理应按约向孟某交付标的物，其以仓库无货和标的物涨价为由不履行合同义务，已构成违约，应承担违约责任。

上述案例非常典型地诠释了电子商务合同是如何构成的，以及商家不履行合同需承担的违约责任。为避免电子商务合同成立后无法履行，商家在信息发布之时就应持审慎严谨的态度，而不可为追求销量任性妄为，否则将面临"不可承受之痛"。

案例2 用户利用优惠券漏洞低于最低价成交，合同不成立

某商家参与天猫商城主持的家电节活动，并推出了系列优惠活动，在其网店首页及具体商品的宣传页面就活动方式、内容、商品型号、价格、数量等因素向潜在用户进行了全面展示。

张先生向天猫商家客服咨询了店铺内海尔458型号冰箱的优惠价格，待客服明确最低价为3899元且不能使用优惠券后，张先生利用系统漏洞使用了原本只可适用于特定商品的300元店铺优惠券，导致提交的订单价格低于商家发布的要约价格。商家发现订单后随即通知张先生价格不对发不了货；但张先生坚持认为是系统自动匹配成交，要求发货；而商家则认为优惠券使用错误导致价格不对，不予发货。张先生向平台投诉未果后，遂向法院起诉要求解除合同，返还货款，并以商家存在欺诈行为为由主张三倍赔偿金。

法院经审理认定，商家在张先生递交订单之前就网店推出的优惠券使用规则进行了全面、准确、及时告知，明确了最低交易价格，张先生后续提交订单对商品价格进行了变更，此行为对原要约内容做出了实质性变更，不能视为对原要约的承诺，而是向被告发出的新要约。故双方未达成合意，该电子商务合同未成立，法院驳回了张先生要求解除合同的诉求。

由此可见，商家全面、准确地展示要约内容有多么重要。即使存在本案中错拍的情形，商家也能够举证证明其真实的意思表示，避免吃"哑巴亏"。

案例3 商家订单被平台拦截，法院判定合同不成立

嘉鸿公司在京东商城上开设店铺，江某在该店铺购买"排毒胶囊"9盒，并完成付款。此后，该订单因符合其个人大量购买统一商品的情形，被定义为经销商，被京东商城计算机数据系统自动拦截，导致订单被取消。

江某认为京东商城自行取消订单并否认付款结果，属于骗取消费者价款而不提供商品的欺诈行为，故向法院提起诉讼，要求京东和嘉鸿公司退还货款855元，并赔偿三倍货款以及维权费用。

法院最终判决，因涉案订单被"京东商城"计算机数据系统拦截，无论该拦截行为系合法或者非法，订单信息均无法到达嘉鸿公司，故依照上述法律规定，江某与嘉鸿公司之间的买卖合同没有成立，江某要求嘉鸿公司退还货款855元缺乏事实及法律依据。江某通过京东商城平台付款，款项由京东公司委托的第三方收款公司收取，上述收取货款的行为实际上属于代管行为，现江某与嘉鸿公司的买卖合同未能成立，京东公司代管货款已无事实及法律依据，其收取江某的货款855元，应当退还给江某。

这则案例说明当商家未收到用户订单的，则双方并未达成电子商务合同，商家也无须承担合同义务。

3 给商家的建议

商家在平台上开设店铺，并于店铺中上架可供销售的商品或者服务，通常会在商品或服务的购买页面注明商品的名称、价格、发货时效等具体信息，对于同一商品存在多种颜色或型号的，还会设置不同的选项，以方便用户自行选择并加入购物车；如果没有另行约定，商家发布的商品或者服务信息有很大的可能被视为要约，若用户下单并履行了付款义务，该要约内容还将构成合同内容而对商家具有约束力。

因此作为商家，其是通过电子商务平台发布商品或服务的，务必认识到其发布的商品或服务内容对自己有合同上的约束力，从而严格审核其发布信息的真实性、准确性，保证发布的要约内容符合自己的真实意思表示。

针对发货及价格这两个非常容易引起用户争议的问题，商家更应引起注意。如出现商品无现货的情况，需及时下架或以显著方式提前告知用户，

例如，写明是预售商品、写清楚发货时限等，从而避免意思表示错误。

如准备进行促销、限时限量"秒杀"活动，商家应当充分说明优惠条件和限制，例如，优惠券的使用方式、是否限制商品和期限、多重优惠是否同享等，否则即使能吸引到大量的用户，短时间提升了店铺流量，但最终会因优惠活动界定不清而导致纠纷，使之前所做的工作功亏一篑。

五、电子商务合同成立的规则（二）

2017年的"3·15"晚会前，北京市消费者协会发布电商"砍单"调查报告。该报告显示，超过八成的被调查者有过被"砍单"的经历。消费者下单支付款项以后，会被商家以商品缺货、系统出错、操作失误、订单异常以及产品质量这五个方面的理由取消订单。了解了"电子商务合同成立的规则（一）"的你，也许会提出来，在这种情况下，商家构成违约，应该向消费者承担违约责任。

但是殊不知消费者在注册平台账号时同意的协议中早已"白纸黑字"写得清楚：消费者下单付款并不导致合同成立，只有当商家向用户发出成立通知时，双方的购物合同关系方才成立。

消费者在线完成了下单付款后，此时双方的网络购物合同尚未成立，商家仍有权选择发货或者不发货；如果商家已通知发货或者实质上采取了发货行为的，此时网络购物合同方才成立。

这种规则设计使得某些电子商务经营者（特别是自营电商平台）在与消费者交易的过程中牢牢掌握了主动权，他们能够决定网购合同成立与否。一方面，这确实满足了某些电商平台商业模式的需要，这些电商平台本身并不生产或供应货物，但是却有足够的流量入口获得消费订单，因此先收集订单再根据供应商能否供货来决定合同是否成立。另一方面，这种规则的滥用也给消费者带来了极大困扰。"砍单"的情况在"秒杀"中尤为常见，商家以超低价格吸引了大量消费者的关注，为所在店铺或者平台进行了导流，但当消费者"秒杀"到相应商品后，商家又拒绝发货，这样既"收割"了潜在用户，又让商家不损失分毫。消费者因此起诉商家的案例比比皆是，不少法官在判决书中对此类约定的效力也提出了质疑，但多数平台仍旧在协议中保留了此类格式条款。《电商法》历经五年四审，最终的出台也让这个争议问题有了确定的答案，即以法律条文的形式明确否定了通过格式条款约定"发货时合同成立"的做法。

1 条文解析

《电商法》第四十九条 电子商务经营者不得以格式条款等方式约定消费者支付价款后合同不成立；格式条款含有该内容的，其内容无效。

什么是格式条款呢？其实大家在日常生活中或多或少接触过格式条款。例如，在银行办卡时签署的开户协议、购买保险时填写的投保协议，都属于格式条款。平台类电子商务经营者和银行、保险公司一样，其消费者数量成千上万，不可能也无法一一与平台内的消费者磋商具体条款内容，这就要求平台事先准备好通行的协议版本，并以最简单、便利的方式与消费者完成签约。这些当事人为了重复使用而预先拟定，并在订立合同时使用的未与对方协商的条款就称为格式条款。

格式条款的提供方往往更占据主导地位，而被动签署方几乎没什么话语权，因此平台方不可避免地倾向于制定更有利于己方的条款，例如，约定"只有商家确认发货后，合同才算成立"或者"只有在销售商将商品从仓库实际发出时，方视为双方建立了合同关系"。这些五花八门的规定，无一例外保证了平台方牢牢掌握缔结合同的决定权。

虽然《民法典》对格式条款的使用进行了严格限制，例如，对免除或者限制其责任的条款要求采取合理方式进行提示、提供说明等，实践中平台方也常常以字体加粗、改变颜色等方式提请用户注意此类条款，但这仍有悖于普通消费者的认知。从保护消费者合理的信赖利益的角度看，商家通过在线购物自动化系统，向消费者提供商品的价格、产品或服务的描述、交付时间、库存量等信息，并允许消费者成功提交订单，就应该承担相应的后果；否则将导致处于弱势一方的消费者根本无法预见合同后果，也难以进行维权。

在这样的背景之下，《电商法》以一种直截了当的方式彻底否定了消费者支付价款后合同不成立的格式条款，要求商家不得在格式条款中约定消费者支付价款后合同不成立的类似条款；即便有此约定的，也将被视为无效条款，对消费者没有约束力。

2 案例说法

案例1 亚马逊网站的格式条款保卫战

说到在格式合同中约定"只有商家确认发货后，合同才算成立"，不得不提起亚马逊，亚马逊涉及与该条款相关的案例可谓是"十分丰富"，也非常具有争议性。

在2013年年底，陈玮通过亚马逊网站购买了长虹32英寸电视机1台，完成订单支付后，他却收到亚马逊网站发送的无法提供所购商品并要求取消订单的邮件。双方协商未果后，陈玮遂诉至法院，要求亚马逊继续履行原订单并交付货物。

而亚马逊却认为，其网站的"使用条件"明确约定了"只有当我们向您发出货物确认的电子邮件或短信，通知您我们已将您订购的商品发出时，才构成我们对您的订单的接受，我们和您之间的订购合同才成立"，故双方的买卖合同并未成立。

法院经审理认为，消费者通过网站在其允许的状态下自由选购点击加入购物车并确认订单，应视为承诺，亚马逊与陈玮之间的合同已经成立。同时，因亚马逊未就使用条件的格式条款以合理的方式提请消费者注意，特别是没有在消费者提交订单之前予以明确提示，故亚马逊关于"使用条件"的相关条款应视为没有订入合同，当然也不应对消费者发生效力。法院最终判定，亚马逊应当向陈玮交付其订购的电视机。

此后，亚马逊在多起类似案件中也屡屡败诉，但陷入败诉泥潭的亚马逊并未在协议中放弃该条款，而是吸取了格式条款提醒不到位的经验教训，做出了有针对性的调整，即通过单独发送邮件的方式向消费者披露"先发货后成立"条款，并且对该条款进行了加粗提示。不同于北京法院的否定性看法，亚马逊终于在众多的败诉案例中迎来了上海市浦东新区人民法院的支持。

可见，在司法实践中不同法院的裁判观点也不尽相同。然而，随着《电商法》的实施，关于该争议条款也终于有了统一而权威的结论，亚马逊网站也不得不在最新版本的"使用条件"中修改了关于合同缔结条款中的表述："您货款支付成功后即视为我们与您之间的订购合同就已支付货款部分商品成立。"

案例2 国美以商品出库作为买卖合同成立标记，法院不予采信

2016年4月，国美在线五周年庆举行"4·18生日大趴"活动，连先生在国美官方网站上看到"某空气净化器折满2件，最低一件商品免单"，遂于当日购买上述商品两件，并在线完成付款。之后，国美在线认为此订单为其网站系统故障所致，故于次日取消订单，并退还货款。后双方经协商无果，故涉诉。

国美在线辩称，其与消费者签订的"国美在线服务协议第7.3条"明确对交易成立时间以商品出库为标记已做约定，因此其公司与原告之间的买卖合同并未成立。法院经审理认为，国美在线所提供的其与连先生之间签订的"国美在线服务协议"属于格式合同，对其关于双方买卖合同成立应以商品出库为标记的辩解不予采信。双方之间买卖合同关系已成立，国美在线未能按约向原告交付货物，已构成违约，对此应当承担相应的违约责任。

不论是规定商家确认订单后合同成立，还是约定商品出库后合同成立，均是借助格式条款保证商家在网购交易中占据完全的优势地位，而处于较弱势一方的消费者却难以根据合同主张自己的权利，因此这种做法在《电商法》出台之前便受到了不少法院的质疑。

3 给商家的建议

在《电商法》实施之前，不少主流电商平台都采用了与亚马逊网站相同的交易规则，为取消用户订单留下一道"机关"。而《电商法》的出台，明确了商家不能通过格式条款约定消费者支付价款后合同不成立，算是对此一锤定音。

失去了这道"防火墙"，商家在经营中需适当调整商业模式，在无法保证有货的情况应避免消费者拍下；如不得不"砍单"，也应提前制定相应的预案，为消费者提供其他合理选择，做好对消费者的安抚工作。在店铺进行商品预售时，商家应通过店铺公告或者商品详情页明确告知消费者该商品系预售商品及其相应的发货周期，在预先收集消费者订单和满足发货时效之间寻求一个平衡点。

需要注意的是，该条款也没有完全排除商家与消费者另行约定、否定订单约束力的可能性，在货到付款或者约定另行支付的情形下，商家仍可以约定保留取消订单的权利。

六、快递物流的签收规则

不知你是否有过这样的购物经历：某天，当你打开购物网站的App，查看"我的订单"，你忽然吃惊地发现，快递已被"水表间"签收，或者签收人一栏干脆写着"门把手"。"水表间""门把手"也可以签收商品吗？自己并没有亲手接到货啊！

此时，你会自然而然地产生某些疑问：这样的签收到底算不算有效签收？遇到这样的问题，自己又该怎么办呢？

下面，就让我们一同寻找答案。不过在这之前，我们先简要叙述一下现代物流行业与电子商务之间的关系。

众所周知，随着互联网的广泛应用，电子商务日渐成为人们工作、生活的重要组成部分。而电子商务飞速发展的背后，无疑需要快递物流行业作为支撑。可以毫不夸张地说，电子商务是"得快递者得天下"。优质的物流服务，可以为商家和消费者节省宝贵的时间，极大地提升了消费者的购物体验。

不过，电子商务的蓬勃发展也给快递物流带来了很大的压力。例如，国家邮政业安全监管信息系统监测数据显示，2018年快递数量已超过500亿件，而在2018年"双11"当天，仅阿里巴巴就将一天10亿个包裹从神话变成了现实。可以想象，在数量如此巨大的电子商务交易中，快递物流将会扮演多么关键的角色。实际上，为了保证服务的顺利完成，保护消费者的利益，国家在法律上也做出了许多相应的规定。

1 商品风险承担及商家承诺

1.1 条文解析

《电商法》第五十二条　电子商务当事人可以约定采用快递物流方式交付

商品。

快递物流服务提供者为电子商务提供快递物流服务，应当遵守法律、行政法规，并应当符合承诺的服务规范和时限。

《电商法》规定，商家可以采取快递物流的方式向消费者交付商品，商品运输中的风险和责任由商家承担。

也就是说，在商家与消费者的买卖合同关系中，商家可以将商品邮寄快递给消费者，只要消费者未签收快递或未确认收货，商品的风险都由商家一方承担。如果快递包裹在运输过程中丢失或出现破损，责任也需要商家来承担。

此外，《电商法》还明确规定，商家应当按照承诺或者约定的方式、时限向消费者交付商品或服务。

本条款在实际运用中为商家留下了较大的自由空间，例如，商家可自行向消费者承诺商品送达的方式、时效等。根据《快递服务》国家标准（GB/T 27917），不同的快递服务，具有不同的时限。同城快递时限不超过24小时，国内异地快递不超过72小时，国际快递不超过6~9个工作日等。

尽管法律法规留有一定的自由空间，但该条款也确定了商家不可无限期延迟的原则。即便是在"双11"大促等快递高峰期，商家也应当按照承诺的期限将商品送达消费者手中，而不能让消费者无限期等待。

倘若商家未能实现承诺，那么，消费者就可以依据法律法规来维护自己的合法权益。下面，我们来看几个实际案例。

1.2 案例说法

案例1 店主延迟发货，赔付30%案例

深圳的陈女士曾在天猫商城中的某上海服装店铺下单购买服装，但不曾想到的是，下单之后卖家却迟迟不发货。陈女士与该店客服沟通无果，便将店铺诉至法院。法院最终判决，按照该店铺在商品页上的承诺，给予陈女士实付价格30%（不高于500元）的赔偿。

由此可见，商家（店铺）必须认真研究电商平台公布的规则，严格履行店铺承诺，才能避免不必要的损失。如果该服装店提前熟读《天猫规则》，了解到延迟发货需要赔付实付金额30%的违约金给消费者，那么该服装店则会做好库存准备按时发货，避免实际损失和信誉损失。

案例2 店主标错价格，拒绝发货，法院判决继续发货

重庆市赵先生曾在淘宝网某果品店铺下单购买榴莲。在这次购物中，赵先生花了150元购买到10个榴莲，但后来店铺以优惠金额设置错误为由，拒不发货。赵先生多次沟通要求发货无果，便将该店铺起诉至法院。最终，法院判决该店铺10日内向赵先生交付10个榴莲。经赵先生了解，店铺客服表示，该店铺因设置错误，将价值246元的榴莲以15元卖出14万个。

该案例表明，一般情况下，商家对外公示的价格或公示的优惠活动，即视为商家的承诺；消费者一旦支付成功，双方的买卖合同即告成立。因此，陈先生按照店铺标价下单支付后，水果店铺便需要按照承诺的价格和数量向消费者交付榴莲。法律面前人人平等，并不会因商家手动设置价格的错误，就将买卖合同判定无效。在民法领域，法律更多关注意思自治。所谓意思自治，是指合同的双方有事先约定的，就按照约定执行；没有事先约定的，才参考相关法律规定。因此，在有事先约定的情况下，即便是法律，也不会挑战当事人之间的约定。

1.3 给商家的建议

从自身利益考虑，商家在入驻电商平台时，应当仔细研究电商平台公示的各项规则，熟知相关法律规定，保证履行完成对消费者的承诺。在运营的过程中，商家也应当制定好自己的经营规则，避免造成虚假宣传或者承诺不实的情况。否则，商家不仅会面临对消费者的违约责任，基于电商平台的管理，还可能面临平台的处罚；更有甚者，可能会涉及行政处罚，情节比较严重的，可能会被取消经营资质。

商家应当选择信誉较好的快递公司进行合作，从时效、服务态度等多方面约束快递公司，为消费者提供更加优质的服务。

2 快递物流的验视签收

2.1 条文解析

《快递暂行条例》第二十五条 经营快递业务的企业应当将快件投递到约定的收件地址、收件人或者收件人指定的代收人，并告知收件人或者代

收人当面验收。收件人或者代收人有权当面验收。

《快递市场管理办法》第十七条　经营快递业务的企业投递快件（邮件），应当告知收件人当面验收。快件（邮件）外包装完好的，由收件人签字确认。投递的快件（邮件）注明为易碎品及外包装出现明显破损的，企业应当告知收件人先验收内件再签收。企业与寄件人另有约定的除外。

对于网络购物、代收货款以及与用户有特殊约定的其他快件（邮件），企业应当与寄件人在合同中明确投递验收的权利义务，并提供符合约定的验收服务，验收无异议后，由收件人签字确认。

根据《快递暂行条例》第二十五条的规定，快递公司有义务将快递送到约定的收件地址，收件人有权利当面验收。但该条例并未对如何验收做出规定。

根据《快递市场管理办法》第十七条的规定，快递员投递时应当告知收件人当面验收。如果外包装是完好的，由收件人签字确认；如果外包装破损或者快递外注明为易碎品的，快递员应当告知收件人先开箱验货再签收。但是，网购、货到付款等特殊的快递，需要由收寄件人自行约定验收的权利义务。也就是说，是否需要开箱，是否能开箱，是先验后签还是先签后验，全凭约定。

《快递服务》系列国家标准也同样指出，快递员应当告知收件人当面验收快件。快件外包装完好，收件人签字确认；外包装破损异常的，收件人可验视包裹内物品完好后再签收。网购中的签收以商家的要求为准，快递公司可按照商家要求送货、按照商家要求提示或者不提示收件人验收。

快递物流的签收规则，在《电商法》中得到了进一步详细的阐述。《电商法》的一审稿中有专门的一个章节对此进行规定，其中，从资质、服务承诺、基础建设、制度设立、运单填写、代收货款、增值服务等，对快递物流经营者有着严格的要求。但正式公布的《电商法》将对快递物流的要求精练为两个条款。

《电商法》第五十一条　合同标的为交付商品并采用快递物流方式交付的，收货人签收时间为交付时间。

合同当事人对交付方式、交付时间另有约定的，从其约定。

第五十二条　快递物流服务提供者在交付商品时，应当提示收货人当面查验。

我们看到，依据新出台的《电商法》，快递物流应当经过收件人当面查验后签收。也就是说，当包裹送达消费者时，快递员应当与收件人取得联系，不得私自挂在门把手、水表间、消防栓里。

从上述种种法律法规中，我们可以发现，并不是所有的快递都可以先拆货后签字，或者一律先签字后验货。这些做法不是固定不变的，具体的情况要根据商家与消费者的约定而定。

2.2 案例说法

案例 快递员未提示收件人当面验货，商品破损京东全额赔款

天津陈先生在京东网站下单购买联想笔记本电脑及配件，合计付款9888元。次日，快递员就将上述商品送到陈先生指定的收货地址。陈先生因外出委托在家的父亲代为收货，但因快递员催促，陈先生的父亲没有进行当面验货。次日上午，陈先生回家后拆开商品包装，发现笔记本电脑根本无法正常开机使用，他于当晚提交退货申请后遭到京东公司的拒绝。后陈先生将电脑送到联想售后服务中心检测，结果是产品故障为屏幕破裂，乃非正常损坏。后陈先生投诉到消费者协会，以京东公司快递员未提示验货且商品破损为由要求京东公司赔偿，经消费者协会调解，京东公司予以妥协，同意将笔记本电脑收回并全额退款给陈先生。

2.3 给商家的建议

商家应当以合理的方式告知消费者有验收的权利，例如在商品外包装上添加"请查验后签收"等字样。如果是特殊商品，或者是与消费者有特殊约定的商品，商家还应当提前告知快递公司，要求快递公司按照要求进行配送。

同样，快递公司在投递快递时，也应当按照商家要求以及法律规定，告知消费者先检验后签收。如果商家与消费者有特殊约定，且在履行中又遇到特殊问题的，应当第一时间将问题反馈给商家。因为，配送服务作为买卖合同的延伸服务，还是应当从根本上解决消费者的需求，做到服务至上。

此外，商家和快递公司应当保存好签收底单或与签收相关的证据，以备不时之需。尽管《快递服务》系列国家标准的要求是档案保存期限不少于1

年，但由于实际合同纠纷的诉讼时效为3年，所以对相关证据的原件保存也应当以3年为最低期限。至于那些超过保存期限的档案，需要定期销毁处理，以保障消费者的个人信息安全。

3 快递物流的代收

3.1 条文解析

《电商法》第五十二条 快递物流服务提供者在交付商品时，应当提示收货人当面查验；交由他人代收的，应当经收货人同意。

如果收件人事先同意快递人员可以将快件投递到自提柜、驿站、物业、水表间的话，就视为收件人签收了。反过来说，若是快递公司未经同意擅自将快件放到物业等非收件人指定的收货地址，从商家角度而言，商家的交付义务是未履行完毕的，因此，消费者可以向商家主张赔偿责任；期间发生货品丢失的，责任也由商家自行承担。

不过，倘若消费者另行选择快递物流服务提供者的，商品的运输风险由消费者本人承担。例如，消费者下单时，商家明确告知了本店默认发申通、中通、韵达快递，但是消费者却要求必须使用其他快递，如果货物在运输过程中发生了丢失、破损等情况，责任应由消费者自行承担。当然，这种情况下，消费者可向快递公司主张赔偿责任。

3.2 案例说法

案例 快递员擅自将快递放置门卫处，消费者投诉获全额赔偿

湖南长沙张女士曾在网易考拉海购上购买一双价值498元的运动鞋，但一周后，王女士仍未收到任何快递信息，打开"我的订单"一看才发现该订单已于3天前由门卫签收，但张女士在门卫处并未找到自己的快递。于是，张女士立即联系了平台客服，客服经核实，送货的快递员确实未曾联系过张女士，经双方协商后，平台同意全额退款给张女士，并补偿张女士价值50元的无门槛现金抵用券一张。

该案例说明，商家或快递公司未经收件人同意，不能擅自将快递放在非签收人指定的地方。否则，收件人有权要求赔偿。如果商家未曾按照承诺

的地址将商品交付到收件人手上，那么商品丢失的责任、未经授权的代收而造成的责任，都是由商家来承担的；但商家可找快递公司追偿，这里不再详细阐述。

3.3 给商家的建议

在实际服务中，商品快递成千上万，因此，快递员无法做到在送每一个快递之前都电话联系收件人，情感上也是可以理解的。但是，若以法律而言，快递商品没能当面交至收件人手中，出现任何问题，责任都应由商家来承担。

随着消费习惯的改善，快递服务企业或其他互联网公司也在不断完善自身的各项服务，例如设立驿站、自提柜、代收点等，或者采用短信签收、验证码签收、GPS定位匹配签收等新型实用的签收方式。不过，采用上述代收服务方式之前，商家与消费者建立买卖合同的时候，一定要获得消费者对代收服务的授权。另外，商家与快递公司签订合同时，也可以将自己对消费者的承诺，添加到快递公司的服务条款中。

我们相信，只要商家和快递公司能够做好自己的工作，能够给予消费者足够的尊重，即便出现某些问题，消费者也能够宽容地协调，解决问题。

七、网购中的货到付款

A：“喂，在吗？在吗？”

A：“为什么不接电话？”

A：“你知道这样让人多担心吗？”

A：“能不能别这样？下次别这样了，真的很让人着急。”

B：“你到底是谁啊？”

A：“哦，我是送快递的，你有一个货到付款的快递。”

上面这个曾经风靡一时的网络段子你肯定不会陌生，说的是快递人员送货找不到收货人的焦急心情。当然，快递员之所以如此着急，主要是因为消费者网购时选择了一种特殊的交易方式：货到付款。也就是说，一手交钱，一手交货，倘若快递员见不到消费者，交易就无法完成。

货到付款是商家为了打消消费者网上购物时的怀疑心理，为争取更多消费者所采用的一种交易方式。但货到付款有没有什么问题？这种方式是否合法？其在快递物流领域是否可行呢？解答这些问题之前，我们不妨先来看看《电商法》对此是如何规定的。

1　条文解析

《电商法》第五十二条　快递物流服务提供者在提供快递物流服务的同时，可以接受电子商务经营者的委托，提供代收货款服务。

由上述条款可以看出，《电商法》十分明确地规定了商家可以委托快递公司代收货款，认可了代收货款这种类型的服务。所谓代收货款服务，是指独立于买家合同交易之外的第三方服务公司，为卖家提供向买家代为收取货物价款的有偿服务。具体到快递物流领域，它通常是指：在卖家和快递公司的合同约定下，快递公司在为卖家承运、配送货物的同时，本着"钱货两清"的原则，向买家或其指定的收件人收缴款项并转交给卖家的增值服务。

代收货款既符合交易习惯，也是合同约定的权利义务。在电子商务实践中，货到付款（Cash On Delivery，COD）模式较为常见，除了一些自营的电商平台，如京东商城、早期的凡客诚品等，当下越来越多的快递公司也开通了代收货款的服务，接受商家的委托帮助商家促成买卖关系的达成。

此外，《快递代收货款服务规范》（YZ/T 0134—2013）对快递公司的代收货款服务做出了更详细的规定，主要包括寄件人选择，合同签订，快件的收寄、分拣、封发、运输、投递，快件的退回，货款结算，快件的查询、投诉、赔偿等6个环节。

当然，在代收货款之前，商家与快递物流公司需要就具体服务细节达成共识，例如，验收标准是什么？是否支持开箱验货？开箱应当开到何种程度？在什么条件下收件人可以拒收货物？拒收之后快递公司该如何处理？此外，还有服务的费用、各方的责任该如何承担、代收货款的货物和资金安全等问题更多的约定。双方达成一致意见后，由快递公司将商品送到收件人手上，并按照商家的要求（如有）提示收件人验货验收；在收件人确认无误后，向收件人收取货款。快递公司收取货款后，应按照与商家的约定，将货款返还给商家，以完成该项服务。当然，如果涉及投诉或退回的，情况就会更加复杂一些。

从整个服务环节来看，货到付款的核心问题是商品和资金的安全问题。根据国家发布的行业规范，快递公司应当将每日收取的代收货款资金存入指定的账户，快递公司应当保证账目准确无误，发现问题及时处理，向商家返还货款的期限不宜超过7个工作日。

因此，快递公司应当按照法律法规的要求，建立起完善的组织管理、安全管理、资金管理制度和业务操作规范，保障系统的安全，并使其代收的货款符合金融监管部门的相关规定。由于代收的货款不是快递公司的自有财产，故其应当用于货款的返还，快递公司不应以任何形式挪用或占用。

随着电子商务的逐渐普及，代收货款将以高速的步态迈向新的产业升级。相对于线上支付，代收货款在解决诚信问题以及使用门槛问题上更具有普遍性和便捷性，可以最大限度地覆盖全我国各年龄阶层和文化层次的消费者。同时，货到付款的方式更能促进诚信交易，更能促进卖家提升服务质量和产品质量。代收货款横跨电子商务、物流、金融三大主体行业，在未来市场格局中将占有重要地位。

2 案例说法

案例 快递公司携千万元货款跑路，商家血本无归

甲纸制品工厂到了月底与乙快递公司结账的时候，甲公司财务负责人朱某发现乙公司的业务员小张已经电话联系不上，自己的微信也被其拉黑，朱某感觉不妙，便前往乙公司核实情况，发现该公司营业部大门紧闭。据旁边的超市老板说，乙公司领导已经半个月没来了，据说携货款跑路了，现在每天都有人来要债。甲公司朱某回公司向领导汇报后，次日便向公安机关报案。

后来朱某在公安机关工作人员的调查了解下，才发现乙公司挪用了200多家客户代收的货款累计1000多万元，用于扩张乙公司位于其他省市的网点。到了结账给货主的时候，乙公司发现无法隐瞒，又面临巨额债务还不上，索性关门大吉一走了之。

许多商家在乙公司关门后以合同诈骗罪向公安机关报案，希望能够追究乙公司负责人的刑事责任。但实践中公安机关可能并不轻易立案，因为涉案金额太小，或不满足"以非法占有为目的"进行"诈骗"的要件。

在该案中，乙公司并没有预谋欺骗商家，也没有虚构事实或隐瞒真相，以骗取商家数额较大的财物。而且，在与甲公司订立合同的时候，乙公司还是有履行能力的，只是在合同履行的过程中，出现了资金漏洞，最后无法弥补后才"跑路"。

上述案例中，商家固然不能忍气吞声，比较合适的做法是以"要求物流公司支付代收货款"为诉讼请求向有管辖权的法院提起民事诉讼。商家应该拿起法律武器，维护自身的合法权利；即使货款不能在短期内取回，也要让快递公司及其负责人受到应用的惩罚。

3 给商家的建议

在选择快递物流公司之前，商家应当全面考察快递物流公司的资质和实力，选择与那些信誉好、品牌影响力大、知名度较高的大公司合作。这些

大型的公司一般具有优质的服务水平、客诉标准、财务管理制度、风险控制能力，资金监管也比较合规。而且，大型快递物流公司自身往往拥有许多固定资产，为了维护声誉，也会更加注重每一个托运人/寄件人的服务体验。

商家选择合适的快递物流公司后，双方在业务合作细节中应当更加关注资金的安全问题，加强与银行、大型第三方支付公司或新型电子支付平台的合作，建立独立的资金账户，使资金得到全方位的监管；建议商家减少现金方式的代收货款。

此外，在与快递物流公司合作的过程中，商家也应当注重保护收件人/消费者的个人信息，避免在出现投诉纠纷时，给收件人造成困扰。

八、特殊商品的交付规则

十年前，在智能手机还不那么流行、互联网也不那么强大的时候，你会发现，人们进行日常手机话费充值时，或者去营业厅柜台办理，或者到书报亭买张充值卡充值；充值时需要先拨打客服电话，再输入充值卡上长达十几位数的充值密码。而如今，打开各类平台的"充值中心"，在线充值，30秒后你就能收到"充值到账"的短信。众所周知，在商品买卖的过程中，一旦消费者拿到有形的实物，就视为交付成功了。然而，随着商品形式的多样化，诸如话费充值等越来越多的无形商品的出现，如数字产品、信息产品、服务、咨询、网络教育等没有实际载体的商品，应该怎么交付呢？现在，让我们一起看看《电商法》对此是如何规定的。

1 条文解析

《电商法》第五十一条 合同标的为提供服务的，生成的电子凭证或者实物凭证中载明的时间为交付时间；前述凭证没有载明时间或者载明时间与实际提供服务时间不一致的，实际提供服务的时间为交付时间。

合同标的为采用在线传输方式交付的，合同标的进入对方当事人指定的特定系统并且能够检索识别的时间为交付时间。

信息网络的飞速发展，促使没有任何载体的无形产品和服务交易成为可能。所谓网络中的无形商品，主要是指商家通过网页向消费者提供的数字化产品或信息产品，如各类电子图书、数字期刊、音乐视频、软件、信息搜索、数据库、（游戏）虚拟货币、数字账号、电子票务等。网络服务主要包括在线服务（远程教育、在线法律咨询服务、在线财务咨询、在线问诊、金融咨询、翻译市场调查等）和线上订购线下服务（家政保洁服务、美甲服务等上门服务）。

其实，对于信息产品和在线服务来说，不仅合同的订立需要借助网络进行，而且合同的履行、商品的交付也是通过网络完成的。《电商法》规定，如果合同标的是提供服务的，以生成电子凭证的时间为交付时间。以在线充值为例，当买家支付完成后，网站形成的电子订单凭证上记录的时间即为交付时间。

倘若你购买的是线下服务，例如在线订购了保洁服务，实际服务时间为次日下午2点，那么次日的实际服务提供时间就是线上订购保洁服务的交付时间。如果是在线委托设计了一幅海报，双方约定以邮件发送，那么电子海报到达买家邮箱的时间即为海报的交付时间。如果买家购买了某个视频编辑软件，该软件需要在商家特定的网站下载，那么商家将下载链接发给买家，买家可随时在该网站下载使用，那么商家发给买家链接的时间即视为交付时间。当然，为了使所交付的商品具有商业适用性，即实现其有效的交付，这时的交付可能伴随一定的随附义务，例如下载软件后的安装方式、序列号等。

在我国，消费者往往被视为弱势群体，是立法倾向于保护的对象。如《消费者权益保护法》专章规定了商家履行、接受监督、安全保障等各种义务。然而，在电子商务交易中，商家的合法权益受到侵害的案例也屡见不鲜，因为无形商品交付的通常是数字化产品，这类产品往往具有低损耗、可复制、易于篡改和传播的特点。如果商家不采取一定的技术措施，那么交付的商品可能很容易就被复制，被用于二次销售；如此一来，商家就会面临巨大的经济损失。此外，在数字化商品交易中，如音频、视频文件，消费者在线上订购获得商品后，将商品复制保存在自己的计算机中，又找借口向商家主张退货或索赔，这在一定程度上也会使数字化商品超出商家的控制范围，从而损害商家的利益。因此，商家的权利保障也日渐成为一个重要话题。

2 案例说法

案例1 捷成华视网聚公司诉成都青柠微影、武汉青柠茶饮店侵权一案

捷成华视网聚公司享有知名电影作品《宫锁沉香》的独家信息网络传播权，而两被告成都青柠微影、武汉青柠茶饮店则经营着全国"青柠影咖"私人影院。两被告在音像店购买该影片DVD后，擅自在其"青柠影咖"点播系统上线该影片的点播服务进行盈利活动。最终，法院审理后判决两被告停止在线播放《宫锁沉香》，并赔偿原告制止侵权的合理开支。

该案中，捷成华视网聚公司斥巨资购买电影作品《宫锁沉香》的独家信息网络传播权，以此得到影视作品售卖权利。被告未经许可，擅自将电影放在自己的系统中，收取服务费。这一行为明显侵犯了捷成华视网聚公司的权益，故捷成华视网聚公司起诉到法院，法院有效制止了两被告的侵权行为。

案例2 "逻辑炸弹"的功与过

1997年，北京出现了红极一时的"江民炸弹"。王江民先生发布了一套软件，凡是制作盗版盘的行为均会被识别，使用的硬盘就会被锁定，计算机的软硬盘都不能启动。此事在当时引起了轰动，王江民甚至还收到公安部的罚款处罚。

该案中，江民软件为了防止用户恶意复制杀毒软件，避免其经济损失，便开发了"逻辑炸弹"，使其软件无法被复制。这种做法虽然有效防止了软件被侵权，但也是比较极端的。所以，商家哪怕是在紧急情况下，也一定要坚守住法律的底线，以合法合规的手段来保障自身的合法权利。

3 给商家的建议

3.1 在买卖合同中约定违约责任

为了切实保障商家权益，商家可以在网络交易的电子合同中设置明确的违约条款。例如，明确消费者的行为在何种情况下是违约行为，将其不合理的使用或者恶意侵权行为规定为违约行为，一旦消费者违反了条款，商家就可按照合同规定追究消费者责任，限制买家退货。

3.2 技术措施

除了约定违约责任，商家还可以加强无形商品的技术控制来维护自己的权益，例如可通过程序、代码、装置或类似的电子的或物理的技术限制措施，以达到控制信息复制传播的目的。用户认证程序、电子密码锁、软件版本的使用次数限制、服务器IP地址限制、系统访问范围与时间限制等都是常用的技术限制措施。尽管各数字化产品采用的具体技术手段可能不同，但其功能与目的是一致的，都是为了防止商品被恶意侵权使用，维护商家的权益。

附录

中华人民共和国电子商务法

（2018年8月31日第十三届全国人民代表大会常务委员会第五次会议通过）

目 录

第一章　总　则

第一条　为了保障电子商务各方主体的合法权益，规范电子商务行为，维护市场秩序，促进电子商务持续健康发展，制定本法。

第二条　中华人民共和国境内的电子商务活动，适用本法。

本法所称电子商务，是指通过互联网等信息网络销售商品或者提供服务的经营活动。

法律、行政法规对销售商品或者提供服务有规定的，适用其规定。金融类产品和服务，利用信息网络提供新闻信息、音视频节目、出版以及文化产品等内容方面的服务，不适用本法。

第三条　国家鼓励发展电子商务新业态，创新商业模式，促进电子商务技术研发和推广应用，推进电子商务诚信体系建设，营造有利于电子商务创新发展的市场环境，充分发挥电子商务在推动高质量发展、满足人民日益增长的美好生活需要、构建开放型经济方面的重要作用。

第四条　国家平等对待线上线下商务活动，促进线上线下融合发展，各级人民政府和有关部门不得采取歧视性的政策措施，不得滥用行政权力排除、限制市场竞争。

第五条　电子商务经营者从事经营活动，应当遵循自愿、平等、公平、诚信的原则，遵守法律和商业道德，公平参与市场竞争，履行消费者权益保护、环境保护、知识产权保护、网络安全与个人信息保护等方面的义务，承担产品和服务质量责任，接受政府和社会的监督。

第六条　国务院有关部门按照职责分工负责电子商务发展促进、监督管理等工作。县级以上地方各级人民政府可以根据本行政区域的实际情况，确定本行政区域内电子商务的部门职责划分。

第七条　国家建立符合电子商务特点的协同管理体系，推动形成有关部门、电子商务行业组织、电子商务经营者、消费者等共同参与的电子商务市场治理体系。

第八条　电子商务行业组织按照本组织章程开展行业自律，建立健全行业规范，推动行业诚信建设，监督、引导本行业经营者公平参与市场竞争。

第二章　电子商务经营者

第一节　一般规定

第九条　本法所称电子商务经营者，是指通过互联网等信息网络从事销售商品或者提供服务的经营活动的自然人、法人和非法人组织，包括电子商务平台经营者、平台内经营者以及通过自建网站、其他网络服务销售商品或者提供服务的电子商务经营者。

本法所称电子商务平台经营者，是指在电子商务中为交易双方或者多方提供网络经营场所、交易撮合、信息发布等服务，供交易双方或者多方独立开展交易活动的法人或者非法人组织。

本法所称平台内经营者，是指通过电子商务平台销售商品或者提供服务的电子商务经营者。

第十条　电子商务经营者应当依法办理市场主体登记。但是，个人销售自产农副产品、家庭手工业产品，个人利用自己的技能从事依法无须取得许可的便民劳务活动和零星小额交易活动，以及依照法律、行政法规不需要进行登记的除外。

第十一条　电子商务经营者应当依法履行纳税义务，并依法享受税收优惠。

依照前条规定不需要办理市场主体登记的电子商务经营者在首次纳税义务发生后，应当依照税收征收管理法律、行政法规的规定申请办理税务登记，并如实申报纳税。

第十二条　电子商务经营者从事经营活动，依法需要取得相关行政许可的，应当依法取得行政许可。

第十三条　电子商务经营者销售的商品或者提供的服务应当符合保障人身、财产安全的要求和环境保护要求，不得销售或者提供法律、行政法规禁止交易的商品或者服务。

第十四条　电子商务经营者销售商品或者提供服务应当依法出具纸质发票或者电子发票等购货凭证或者服务单据。电子发票与纸质发票具有同等法律效力。

第十五条 电子商务经营者应当在其首页显著位置，持续公示营业执照信息、与其经营业务有关的行政许可信息、属于依照本法第十条规定的不需要办理市场主体登记情形等信息，或者上述信息的链接标识。

前款规定的信息发生变更的，电子商务经营者应当及时更新公示信息。

第十六条 电子商务经营者自行终止从事电子商务的，应当提前三十日在首页显著位置持续公示有关信息。

第十七条 电子商务经营者应当全面、真实、准确、及时地披露商品或者服务信息，保障消费者的知情权和选择权。电子商务经营者不得以虚构交易、编造用户评价等方式进行虚假或者引人误解的商业宣传，欺骗、误导消费者。

第十八条 电子商务经营者根据消费者的兴趣爱好、消费习惯等特征向其提供商品或者服务的搜索结果的，应当同时向该消费者提供不针对其个人特征的选项，尊重和平等保护消费者合法权益。

电子商务经营者向消费者发送广告的，应当遵守《中华人民共和国广告法》的有关规定。

第十九条 电子商务经营者搭售商品或者服务，应当以显著方式提请消费者注意，不得将搭售商品或者服务作为默认同意的选项。

第二十条 电子商务经营者应当按照承诺或者与消费者约定的方式、时限向消费者交付商品或者服务，并承担商品运输中的风险和责任。但是，消费者另行选择快递物流服务提供者的除外。

第二十一条 电子商务经营者按照约定向消费者收取押金的，应当明示押金退还的方式、程序，不得对押金退还设置不合理条件。消费者申请退还押金，符合押金退还条件的，电子商务经营者应当及时退还。

第二十二条 电子商务经营者因其技术优势、用户数量、对相关行业的控制能力以及其他经营者对该电子商务经营者在交易上的依赖程度等因素而具有市场支配地位的，不得滥用市场支配地位，排除、限制竞争。

第二十三条 电子商务经营者收集、使用其用户的个人信息，应当遵守法律、行政法规有关个人信息保护的规定。

第二十四条 电子商务经营者应当明示用户信息查询、更正、删除以及用户注销的方式、程序，不得对用户信息查询、更正、删除以及用户注销设置不合理条件。

电子商务经营者收到用户信息查询或者更正、删除的申请的，应当在核实身份后及时提供查询或者更正、删除用户信息。用户注销的，电子商务经营者应当立即删除该用户的信息；依照法律、行政法规的规定或者双方约定保存的，依照其规定。

第二十五条 有关主管部门依照法律、行政法规的规定要求电子商务经营者提供有关电子商务数据信息的，电子商务经营者应当提供。有关主管部门应当采取必要措施保护电子商务经营者提供的数据信息的安全，并对其中的个人信息、隐私和商业秘密严格保密，不得泄露、出售或者非法向他人提供。

第二十六条 电子商务经营者从事跨境电子商务，应当遵守进出口监督管理的法律、行政法规和国家有关规定。

第二节 电子商务平台经营者

第二十七条 电子商务平台经营者应当要求申请进入平台销售商品或者提供服务的经营者提交其身份、地址、联系方式、行政许可等真实信息，进行核验、登记，建立登记档案，并定期核验更新。

电子商务平台经营者为进入平台销售商品或者提供服务的非经营用户提供服务，应当遵守本节有关规定。

第二十八条 电子商务平台经营者应当按照规定向市场监督管理部门报送平台内经营者的身份信息，提示未办理市场主体登记的经营者依法办理登记，并配合市场监督管理部门，针对电子商务的特点，为应当办理市场主体登记的经营者办理登记提供便利。

电子商务平台经营者应当依照税收征收管理法律、行政法规的规定，向税务部门报送平台内经营者的身份信息和与纳税有关的信息，并应当提示依照本法第十条规定不需要办理市场主体登记的电子商务经营者依照本法第十一条第二款的规定办理税务登记。

第二十九条 电子商务平台经营者发现平台内的商品或者服务信息存在违反本法第十二条、第十三条规定情形的，应当依法采取必要的处置措施，并向有关主管部门报告。

第三十条 电子商务平台经营者应当采取技术措施和其他必要措施保证

其网络安全、稳定运行，防范网络违法犯罪活动，有效应对网络安全事件，保障电子商务交易安全。

电子商务平台经营者应当制定网络安全事件应急预案，发生网络安全事件时，应当立即启动应急预案，采取相应的补救措施，并向有关主管部门报告。

第三十一条 电子商务平台经营者应当记录、保存平台上发布的商品和服务信息、交易信息，并确保信息的完整性、保密性、可用性。商品和服务信息、交易信息保存时间自交易完成之日起不少于三年；法律、行政法规另有规定的，依照其规定。

第三十二条 电子商务平台经营者应当遵循公开、公平、公正的原则，制定平台服务协议和交易规则，明确进入和退出平台、商品和服务质量保障、消费者权益保护、个人信息保护等方面的权利和义务。

第三十三条 电子商务平台经营者应当在其首页显著位置持续公示平台服务协议和交易规则信息或者上述信息的链接标识，并保证经营者和消费者能够便利、完整地阅览和下载。

第三十四条 电子商务平台经营者修改平台服务协议和交易规则，应当在其首页显著位置公开征求意见，采取合理措施确保有关各方能够及时充分表达意见。修改内容应当至少在实施前七日予以公示。

平台内经营者不接受修改内容，要求退出平台的，电子商务平台经营者不得阻止，并按照修改前的服务协议和交易规则承担相关责任。

第三十五条 电子商务平台经营者不得利用服务协议、交易规则以及技术等手段，对平台内经营者在平台内的交易、交易价格以及与其他经营者的交易等进行不合理限制或者附加不合理条件，或者向平台内经营者收取不合理费用。

第三十六条 电子商务平台经营者依据平台服务协议和交易规则对平台内经营者违反法律、法规的行为实施警示、暂停或者终止服务等措施的，应当及时公示。

第三十七条 电子商务平台经营者在其平台上开展自营业务的，应当以显著方式区分标记自营业务和平台内经营者开展的业务，不得误导消费者。

电子商务平台经营者对其标记为自营的业务依法承担商品销售者或者服

务提供者的民事责任。

　　第三十八条　电子商务平台经营者知道或者应当知道平台内经营者销售的商品或者提供的服务不符合保障人身、财产安全的要求，或者有其他侵害消费者合法权益行为，未采取必要措施的，依法与该平台内经营者承担连带责任。

　　对关系消费者生命健康的商品或者服务，电子商务平台经营者对平台内经营者的资质资格未尽到审核义务，或者对消费者未尽到安全保障义务，造成消费者损害的，依法承担相应的责任。

　　第三十九条　电子商务平台经营者应当建立健全信用评价制度，公示信用评价规则，为消费者提供对平台内销售的商品或者提供的服务进行评价的途径。

　　电子商务平台经营者不得删除消费者对其平台内销售的商品或者提供的服务的评价。

　　第四十条　电子商务平台经营者应当根据商品或者服务的价格、销量、信用等以多种方式向消费者显示商品或者服务的搜索结果；对于竞价排名的商品或者服务，应当显著标明"广告"。

　　第四十一条　电子商务平台经营者应当建立知识产权保护规则，与知识产权权利人加强合作，依法保护知识产权。

　　第四十二条　知识产权权利人认为其知识产权受到侵害的，有权通知电子商务平台经营者采取删除、屏蔽、断开链接、终止交易和服务等必要措施。通知应当包括构成侵权的初步证据。

　　电子商务平台经营者接到通知后，应当及时采取必要措施，并将该通知转送平台内经营者；未及时采取必要措施的，对损害的扩大部分与平台内经营者承担连带责任。

　　因通知错误造成平台内经营者损害的，依法承担民事责任。恶意发出错误通知，造成平台内经营者损失的，加倍承担赔偿责任。

　　第四十三条　平台内经营者接到转送的通知后，可以向电子商务平台经营者提交不存在侵权行为的声明。声明应当包括不存在侵权行为的初步证据。

　　电子商务平台经营者接到声明后，应当将该声明转送发出通知的知识产权权利人，并告知其可以向有关主管部门投诉或者向人民法院起诉。电子商务平台经营者在转送声明到达知识产权权利人后十五日内，未收到权利人已经投诉或者起诉通知的，应当及时终止所采取的措施。

第四十四条 电子商务平台经营者应当及时公示收到的本法第四十二条、第四十三条规定的通知、声明及处理结果。

第四十五条 电子商务平台经营者知道或者应当知道平台内经营者侵犯知识产权的，应当采取删除、屏蔽、断开链接、终止交易和服务等必要措施；未采取必要措施的，与侵权人承担连带责任。

第四十六条 除本法第九条第二款规定的服务外，电子商务平台经营者可以按照平台服务协议和交易规则，为经营者之间的电子商务提供仓储、物流、支付结算、交收等服务。电子商务平台经营者为经营者之间的电子商务提供服务，应当遵守法律、行政法规和国家有关规定，不得采取集中竞价、做市商等集中交易方式进行交易，不得进行标准化合约交易。

第三章　电子商务合同的订立与履行

第四十七条 电子商务当事人订立和履行合同，适用本章和《中华人民共和国民法总则》《中华人民共和国合同法》《中华人民共和国电子签名法》等法律的规定。

第四十八条 电子商务当事人使用自动信息系统订立或者履行合同的行为对使用该系统的当事人具有法律效力。

在电子商务中推定当事人具有相应的民事行为能力。但是，有相反证据足以推翻的除外。

第四十九条 电子商务经营者发布的商品或者服务信息符合要约条件的，用户选择该商品或者服务并提交订单成功，合同成立。当事人另有约定的，从其约定。

电子商务经营者不得以格式条款等方式约定消费者支付价款后合同不成立；格式条款等含有该内容的，其内容无效。

第五十条 电子商务经营者应当清晰、全面、明确地告知用户订立合同的步骤、注意事项、下载方法等事项，并保证用户能够便利、完整地阅览和下载。

电子商务经营者应当保证用户在提交订单前可以更正输入错误。

第五十一条　合同标的为交付商品并采用快递物流方式交付的，收货人签收时间为交付时间。合同标的为提供服务的，生成的电子凭证或者实物凭证中载明的时间为交付时间；前述凭证没有载明时间或者载明时间与实际提供服务时间不一致的，实际提供服务的时间为交付时间。

合同标的为采用在线传输方式交付的，合同标的进入对方当事人指定的特定系统并且能够检索识别的时间为交付时间。

合同当事人对交付方式、交付时间另有约定的，从其约定。

第五十二条　电子商务当事人可以约定采用快递物流方式交付商品。

快递物流服务提供者为电子商务提供快递物流服务，应当遵守法律、行政法规，并应当符合承诺的服务规范和时限。快递物流服务提供者在交付商品时，应当提示收货人当面查验；交由他人代收的，应当经收货人同意。

快递物流服务提供者应当按照规定使用环保包装材料，实现包装材料的减量化和再利用。

快递物流服务提供者在提供快递物流服务的同时，可以接受电子商务经营者的委托提供代收货款服务。

第五十三条　电子商务当事人可以约定采用电子支付方式支付价款。

电子支付服务提供者为电子商务提供电子支付服务，应当遵守国家规定，告知用户电子支付服务的功能、使用方法、注意事项、相关风险和收费标准等事项，不得附加不合理交易条件。电子支付服务提供者应当确保电子支付指令的完整性、一致性、可跟踪稽核和不可篡改。

电子支付服务提供者应当向用户免费提供对账服务以及最近三年的交易记录。

第五十四条　电子支付服务提供者提供电子支付服务不符合国家有关支付安全管理要求，造成用户损失的，应当承担赔偿责任。

第五十五条　用户在发出支付指令前，应当核对支付指令所包含的金额、收款人等完整信息。

支付指令发生错误的，电子支付服务提供者应当及时查找原因，并采取相关措施予以纠正。造成用户损失的，电子支付服务提供者应当承担赔偿责任，但能够证明支付错误非自身原因造成的除外。

第五十六条　电子支付服务提供者完成电子支付后，应当及时准确地向用户提供符合约定方式的确认支付的信息。

第五十七条　用户应当妥善保管交易密码、电子签名数据等安全工具。用户发现安全工具遗失、被盗用或者未经授权的支付的，应当及时通知电子支付服务提供者。

未经授权的支付造成的损失，由电子支付服务提供者承担；电子支付服务提供者能够证明未经授权的支付是因用户的过错造成的，不承担责任。

电子支付服务提供者发现支付指令未经授权，或者收到用户支付指令未经授权的通知时，应当立即采取措施防止损失扩大。电子支付服务提供者未及时采取措施导致损失扩大的，对损失扩大部分承担责任。

第四章　电子商务争议解决

第五十八条　国家鼓励电子商务平台经营者建立有利于电子商务发展和消费者权益保护的商品、服务质量担保机制。

电子商务平台经营者与平台内经营者协议设立消费者权益保证金的，双方应当就消费者权益保证金的提取数额、管理、使用和退还办法等作出明确约定。

消费者要求电子商务平台经营者承担先行赔偿责任以及电子商务平台经营者赔偿后向平台内经营者的追偿，适用《中华人民共和国消费者权益保护法》的有关规定。

第五十九条　电子商务经营者应当建立便捷、有效的投诉、举报机制，公开投诉、举报方式等信息，及时受理并处理投诉、举报。

第六十条　电子商务争议可以通过协商和解，请求消费者组织、行业协会或者其他依法成立的调解组织调解，向有关部门投诉，提请仲裁，或者提起诉讼等方式解决。

第六十一条　消费者在电子商务平台购买商品或者接受服务，与平台内经营者发生争议时，电子商务平台经营者应当积极协助消费者维护合法权益。

第六十二条　在电子商务争议处理中，电子商务经营者应当提供原始合同和交易记录。因电子商务经营者丢失、伪造、篡改、销毁、隐匿或者拒绝提供前述资料，致使人民法院、仲裁机构或者有关机关无法查明事实的，电子商务经营者应当承担相应的法律责任。

第六十三条　电子商务平台经营者可以建立争议在线解决机制，制定并公示争议解决规则，根据自愿原则，公平、公正地解决当事人的争议。

第五章　电子商务促进

第六十四条　国务院和省、自治区、直辖市人民政府应当将电子商务发展纳入国民经济和社会发展规划，制定科学合理的产业政策，促进电子商务创新发展。

第六十五条　国务院和县级以上地方人民政府及其有关部门应当采取措施，支持、推动绿色包装、仓储、运输，促进电子商务绿色发展。

第六十六条　国家推动电子商务基础设施和物流网络建设，完善电子商务统计制度，加强电子商务标准体系建设。

第六十七条　国家推动电子商务在国民经济各个领域的应用，支持电子商务与各产业融合发展。

第六十八条　国家促进农业生产、加工、流通等环节的互联网技术应用，鼓励各类社会资源加强合作，促进农村电子商务发展，发挥电子商务在精准扶贫中的作用。

第六十九条　国家维护电子商务交易安全，保护电子商务用户信息，鼓励电子商务数据开发应用，保障电子商务数据依法有序自由流动。

国家采取措施推动建立公共数据共享机制，促进电子商务经营者依法利用公共数据。

第七十条　国家支持依法设立的信用评价机构开展电子商务信用评价，向社会提供电子商务信用评价服务。

第七十一条　国家促进跨境电子商务发展，建立健全适应跨境电子商务特点的海关、税收、进出境检验检疫、支付结算等管理制度，提高跨境电子商务各环节便利化水平，支持跨境电子商务平台经营者等为跨境电子商务提供仓储物流、报关、报检等服务。

国家支持小型微型企业从事跨境电子商务。

第七十二条　国家进出口管理部门应当推进跨境电子商务海关申报、纳税、检验检疫等环节的综合服务和监管体系建设，优化监管流程，推动实现信息共享、监管互认、执法互助，提高跨境电子商务服务和监管效率。跨境电子商务经营者可以凭电子单证向国家进出口管理部门办理有关手续。

第七十三条 国家推动建立与不同国家、地区之间跨境电子商务的交流合作，参与电子商务国际规则的制定，促进电子签名、电子身份等国际互认。

国家推动建立与不同国家、地区之间的跨境电子商务争议解决机制。

第六章 法律责任

第七十四条 电子商务经营者销售商品或者提供服务，不履行合同义务或者履行合同义务不符合约定，或者造成他人损害的，依法承担民事责任。

第七十五条 电子商务经营者违反本法第十二条、第十三条规定，未取得相关行政许可从事经营活动，或者销售、提供法律、行政法规禁止交易的商品、服务，或者不履行本法第二十五条规定的信息提供义务，电子商务平台经营者违反本法第四十六条规定，采取集中交易方式进行交易，或者进行标准化合约交易的，依照有关法律、行政法规的规定处罚。

第七十六条 电子商务经营者违反本法规定，有下列行为之一的，由市场监督管理部门责令限期改正，可以处一万元以下的罚款，对其中的电子商务平台经营者，依照本法第八十一条第一款的规定处罚：

（一）未在首页显著位置公示营业执照信息、行政许可信息、属于不需要办理市场主体登记情形等信息，或者上述信息的链接标识的；

（二）未在首页显著位置持续公示终止电子商务的有关信息的；

（三）未明示用户信息查询、更正、删除以及用户注销的方式、程序，或者对用户信息查询、更正、删除以及用户注销设置不合理条件的。

电子商务平台经营者对违反前款规定的平台内经营者未采取必要措施的，由市场监督管理部门责令限期改正，可以处二万元以上十万元以下的罚款。

第七十七条 电子商务经营者违反本法第十八条第一款规定提供搜索结果，或者违反本法第十九条规定搭售商品、服务的，由市场监督管理部门责令限期改正，没收违法所得，可以并处五万元以上二十万元以下的罚款；情节严重的，并处二十万元以上五十万元以下的罚款。

第七十八条　电子商务经营者违反本法第二十一条规定，未向消费者明示押金退还的方式、程序，对押金退还设置不合理条件，或者不及时退还押金的，由有关主管部门责令限期改正，可以处五万元以上二十万元以下的罚款；情节严重的，处二十万元以上五十万元以下的罚款。

第七十九条　电子商务经营者违反法律、行政法规有关个人信息保护的规定，或者不履行本法第三十条和有关法律、行政法规规定的网络安全保障义务的，依照《中华人民共和国网络安全法》等法律、行政法规的规定处罚。

第八十条　电子商务平台经营者有下列行为之一的，由有关主管部门责令限期改正；逾期不改正的，处二万元以上十万元以下的罚款；情节严重的，责令停业整顿，并处十万元以上五十万元以下的罚款：

（一）不履行本法第二十七条规定的核验、登记义务的；

（二）不按照本法第二十八条规定向市场监督管理部门、税务部门报送有关信息的；

（三）不按照本法第二十九条规定对违法情形采取必要的处置措施，或者未向有关主管部门报告的；

（四）不履行本法第三十一条规定的商品和服务信息、交易信息保存义务的。

法律、行政法规对前款规定的违法行为的处罚另有规定的，依照其规定。

第八十一条　电子商务平台经营者违反本法规定，有下列行为之一的，由市场监督管理部门责令限期改正，可以处二万元以上十万元以下的罚款；情节严重的，处十万元以上五十万元以下的罚款：

（一）未在首页显著位置持续公示平台服务协议、交易规则信息或者上述信息的链接标识的；

（二）修改交易规则未在首页显著位置公开征求意见，未按照规定的时间提前公示修改内容，或者阻止平台内经营者退出的；

（三）未以显著方式区分标记自营业务和平台内经营者开展的业务的；

（四）未为消费者提供对平台内销售的商品或者提供的服务进行评价的途径，或者擅自删除消费者的评价的。

电子商务平台经营者违反本法第四十条规定，对竞价排名的商品或者服务未显著标明"广告"的，依照《中华人民共和国广告法》的规定处罚。

第八十二条 电子商务平台经营者违反本法第三十五条规定，对平台内经营者在平台内的交易、交易价格或者与其他经营者的交易等进行不合理限制或者附加不合理条件，或者向平台内经营者收取不合理费用的，由市场监督管理部门责令限期改正，可以处五万元以上五十万元以下的罚款；情节严重的，处五十万元以上二百万元以下的罚款。

第八十三条 电子商务平台经营者违反本法第三十八条规定，对平台内经营者侵害消费者合法权益行为未采取必要措施，或者对平台内经营者未尽到资质资格审核义务，或者对消费者未尽到安全保障义务的，由市场监督管理部门责令限期改正，可以处五万元以上五十万元以下的罚款；情节严重的，责令停业整顿，并处五十万元以上二百万元以下的罚款。

第八十四条 电子商务平台经营者违反本法第四十二条、第四十五条规定，对平台内经营者实施侵犯知识产权行为未依法采取必要措施的，由有关知识产权行政部门责令限期改正；逾期不改正的，处五万元以上五十万元以下的罚款；情节严重的，处五十万元以上二百万元以下的罚款。

第八十五条 电子商务经营者违反本法规定，销售的商品或者提供的服务不符合保障人身、财产安全的要求，实施虚假或者引人误解的商业宣传等不正当竞争行为，滥用市场支配地位，或者实施侵犯知识产权、侵害消费者权益等行为的，依照有关法律的规定处罚。

第八十六条 电子商务经营者有本法规定的违法行为的，依照有关法律、行政法规的规定记入信用档案，并予以公示。

第八十七条 依法负有电子商务监督管理职责的部门的工作人员，玩忽职守、滥用职权、徇私舞弊，或者泄露、出售或者非法向他人提供在履行职责中所知悉的个人信息、隐私和商业秘密的，依法追究法律责任。

第八十八条 违反本法规定，构成违反治安管理行为的，依法给予治安管理处罚；构成犯罪的，依法追究刑事责任。

第七章 附 则

第八十九条 本法自2019年1月1日起施行。